VOUS ÊTES SALE…
JE PEUX TOUT VOUS DIRE

Cécile Sales

VOUS ÊTES SALE… JE PEUX TOUT VOUS DIRE

Itinéraire d'une psychanalyste

Préface de
Guy Petitdemange

le félin
KIRON

Collection
Les marches du temps
dirigée par Bernard Condominas

Pour obtenir notre catalogue, vous pouvez nous écrire à :
infolefelin@kiron-espace.com
et consulter notre site :
www.editionsdufelin.com

Illustration de couverture :
Eau Forte n°XXXVIII, 1980, 56 x 56 cm, Pierre Soulages
Collection Centre Pompidou, Dist RMN/Philippe Migeat
Paris, Musée national d'Art Moderne

10, rue La Vacquerie, 75011 Paris
ISBN-13 : 978-2-86645-723-5

« Héritière de la religion et de la philosophie tout autant que de la médecine et de la psychiatrie de la fin du XIXe siècle, la psychanalyse les a toutes déconstruites et renouvelées en imposant l'idée que l'âme humaine, tributaire du corps et du langage, est non seulement connaissable, mais que, lieu de douleur et sujette à la destruction, voire à la mort, elle est surtout notre espace privilégié de renaissance. »

Julia Kristeva (*Melanie Klein*)

« C'est certainement par son invention de la situation analytique comme véhicule thérapeutique que se définit le mieux le génie de Freud. »

Masud Khan (*Le Soi caché*)

À Claudius,
Emmanuel, Juliette, Pauline,
à M. B. H.,
au groupe,
et à tous ceux que j'ai professionnellement rencontrés au cours de ces années, fût-ce brièvement.

Préface

« ME VOICI »

Ô saisons, ô châteaux

De toute évidence, le livre de Cécile Sales n'a nul besoin de la béquille d'un avant-propos qui approuvant, questionnant, encadrerait. Il suffit de le lire pour l'entendre retentir longtemps après, dans la brume où, lecture faite, se trouve tout lecteur. S'agit-il d'une autobiographie écrite avec une extrême pudeur, d'une chronique, d'un salut de soi acquis dans l'héroïsme, d'un document socio-historique sur une France d'un âge presque révolu, d'une archive supplémentaire dans la riche littérature analytique où le psychanalyste, imaginé devin, guérisseur, charlatan ou savant, se présente en chair et en os, « homme parmi les hommes », parfois retranché dans le silence, parfois consentant, presque par concession, au récit de soi, qu'on attend en curieux d'une herméneutique magique ou de secrets profanés qui seraient la clé des songes ? Il y a bien longtemps que l'immense et toujours si étonnante littérature freudienne a dissous cet imaginaire de défense et remis l'analyse et l'analyste dans la prose du monde face à une exploration laborieuse, hésitante, résolue qui a son coût et ne se mesure pas du dehors. La chose, la cause ne comptent que pour qui elle a compté. Précis, saisissant, dans la retenue, choisissant le bref et le rapide, le livre de Cécile Sales est à multiples facettes. Il laisse la parole à qui la veut ou la désire, sans le feu vert de quelque autorité. Mais le cap est net, découvrir ce toujours nouveau monde de l'inconscient dont il est impossible de faire le tour, continent noir dans les corps et dans les mots, continent si grand et de ténèbres.

En 1951, Merleau-Ponty publiait un texte fameux qui surprit, *Éloge de la philosophie*. C'était sa leçon inaugurale au Collège de France. Mais la solennité du lieu et des circonstances n'est pas la raison de l'écho. Nul doute que les thèses tranchantes et le style brillant et soigné du philosophe n'y soient pour beaucoup, choses en partie connues ; l'essentiel provenait d'ailleurs. Soudain la philosophie présentait un autre visage. Elle était toujours exercice intellectuel, conflits d'écoles, disputes sur les fondements et les perspectives de la meilleure connaissance du monde et de soi. Elle était plus radicalement résolution, « pari sur la clarté », une saisie, de toute l'existence, une manière d'être corps et parole, ambition de tout dire sans que ce soit dire le tout. Pour Merleau-Ponty, c'était revenir à Socrate, au commencement, avant la division des tâches. Non pas un à côté de la vie, mais la vie se disant selon les lois d'une antique discipline. L'éloge de Merleau-Ponty reste une inoubliable leçon, comme une source de fraîcheur où l'on désire aller.

Dans son champ particulier, de sa place, dans un coin du monde, Cécile Sales fait peut-être elle aussi et de cette sorte un éloge de la psychanalyse. Rien de didactique en ces pages, même si toutes les exigences si mobiles de la technique sont sans cesse évoquées et si apparaissent en clair cela même qui l'appelle et ce qu'il en coûte. Et sans qu'on entre dans le détail, il est visible que la psychanalyse vit de confrontations entre écoles, de disputes, de scissions, de dissensions, comme appelées par son objet même et sa pratique. L'essentiel pourtant ici est ailleurs. Comme pour le philosophe, c'est l'existence elle-même et tout entière qui se reprend, non pas d'abord dans les mailles d'un savoir emprunté et appliqué, mais par un engagement tout autre et résolu et payé au prix fort dans le labyrinthe de nos corps et de nos mots, les mots perdus, retrouvés, osés lorsque se produit le déliement, à travers tant de craintes et après tant de fuites, si souvent inévitables. L'analyse n'est plus alors un drapeau. C'est un acte, qui est à lui-même sa récompense, comme l'affirme si fermement Spinoza, qui ne se referme pas sur lui-même. Le mot de la fin serait peut-être qu'en ce commencement ou recommencement ou re-naissance, ce serait « mille chemins ouverts » et pour soi-même et pour d'autres. Il est assez rare, par discrétion, de tradition peut-être, ou pour d'autres raisons, que des analystes soient si audacieusement dans l'éloge, sans trop de quant-à-soi, sans trop de plaisir dans le seul savoir, sans masque, sans conclure qu'on a fait le tour des choses. Freud l'était et jusqu'à la fin.

L'éloge chez Cécile Sales n'a rien d'un hommage du dehors, comme on peut le faire d'un héros, d'un monument, d'un site mémorable. Il est dans l'écriture même, son audace, son aisance, sa nécessité. L'éloge est dans l'avancée souterraine de l'écriture. Il y a comme une jubilation, non narcissique, mais de délivrance à trouver les mots pour dire et démêler l'obscur, et non pas violer ou éventer des secrets, « les terribles secrets », laisser venir la lumière qui éclaire, apaise, ouvre, redonne ou donne corps, espace, temps. Quelle durée nécessaire pour qu'arrivent à la parole juste, celle qui peut nommer, tous ces événements dans le fouillis de l'enfance, des générations, des lieux, des exclusions et des enchantements passagers et de sauvegarde, dans les haillons de la mémoire plus conteuse qu'historienne ! L'écriture recueille, rassemble, comme la parole et redonne. Elle fait entendre. Sa puissance évocatoire est plus grande que celle des images. Elle donne à chacun le pouvoir de recomposer dans une sorte de loisir. Accrochée à mille choses concrètes, ici si précise, et toujours précise, et concrète – les lieux, les visages, les noms, les cris étouffés, les interjections, les sentences, les silences souvent aussi souverains que tous les empires – l'écriture, loin d'être exhibition, est comme une chance donnée, une éclaircie, une clairière où chacun s'arrêtant reprend souffle ou le trouve. De scène en scène dans ce livre si varié, l'écriture, parce qu'elle est si concrète, au lieu de conclure, entrouvre. Elle fait passage. Dénouement. Invitation au voyage.

Cette écriture dans la distance, assez libre et souple pour n'être prisonnière d'aucune forme, semble ici l'accomplissement de ce qui est en jeu depuis le commencement, la séparation. Toute la question de la vie, la totalité de la vie, qu'il s'agisse des émotions et des sentiments, des sexes, des idées, semble tenir dans ce moment crucial qui semble n'avoir pas de lieu dit ni de date, la séparation. Question de vie et de mort, qui n'est en rien résolue du premier coup par la venue au jour de ce monde. La fusion dans l'un déborde de beaucoup l'épisode et le séjour dans le ventre de la mère. Longtemps les corps semblent traîner ensemble comme dans un magma de chaleur et d'intimité qui engloutit l'existence de tout être singulier. Et tout y passe, les valeurs, les codes, les lectures de tout ce qui entoure : le monde entier se résume en vérité dans une unité toute faite et déjà faite, comprise par avance. Le modèle de la fusion serait la relation mère-fille parce que c'est là le relais naturel. Mais que révèle cette sorte de paradis, cet unanimisme d'où proviendrait la consistance de tout ? Quelles passions bruissent dans les profondeurs quand il n'y a la voix de personne et que celle-ci est remplacée par une rhétorique, une éloquence, une voix en troisième personne, où les choses sont clamées sans que personne ne prenne la parole, alors qu'il y a un si beau théâtre de la parole, comme une scène idéale attendant ses acteurs ? La haine et tant de passions destructrices, renvoyant tout un chacun à de sombres règlements de comptes avec soi jusqu'à la destruction de celui qui les subit et à l'expulsion de qui s'en excepte Le plus beau et le plus fort de ce livre de Cécile Sales est le rappel, le charme aussi, de ces puissances presque chtoniennes, dans le plein jour du quotidien, de ce qui semblant donner forme à la vie la mutile, qu'il s'agisse de la tradition, de l'ascèse, de la patrie, des plus nobles et honorables traditions, de la religion, de Dieu. Et cela, non par des idées, mais dans l'entrelacement des corps, dans des parcs somptueux, des demeures sûres, des existences assurées, des langages tout prêts, à portée de main, l'idéal en quelque sorte aménagé et qui requiert, par delà toute décision. Donc il ne suffit pas de naître. Il ne suffit pas de vivre. Il faudrait aussi parler. La question court tout au long du texte : qu'est-ce qu'un corps, alors qu'il est déjà corps par les autres et au milieu des autres, corps reçu qui n'est pas sa propre cause ? Qui suis-je ? Comment faire entendre la voix qui cherche à dire ce qu'elle ignore et ne ressemble pas à ce qu'elle entend ?

« Elle n'a rien demandé et rien promis. » C'est par ces mots de la rencontre avec l'analyste, qui font ascèse et frustration dans l'économie domestique de l'un, que s'ouvre la sortie inaugurale, la révolution, la conversion, le changement de cap, le recommencement tout autre, après les tribulations, les fantaisies, les folâtreries, les atermoiements de l'enfance, après le calme des jours plus heureux de l'amour, du métier, après « les délices de la maladie », après les lycées, les villes et tout ce qui dessinait une issue hors du cercle enchanté de l'enfance ou des forteresses d'un immense monde clos qui absorbait et effaçait l'enfance et l'enfance de la fille. Manquait la chose ignorée, inconcevable avant qu'elle n'advienne, la parole. Le magnifique passage sur les larmes l'introduit, presque le cœur du livre. Là le corps se fait fluide. Les larmes sont le précurseur de la parole. Tout est emporté dans la rivière. C'est enfin l'afflux, par-delà toute honte et toute maîtrise. Et cela face à « une troisième personne », l'analyste précisément, l'inconnue, l'étrangère qui ne figure pas dans les généalogies ou les registres de la tradition, l'intruse qui écoute sans être d'emblée dans le jeu, qui suscite, permet sans mesure, renvoie à soi-même. Le transfert et le contre-transfert ne sont pas des relations naturelles. Ce sont les relations fortes, toutes nouvelles, hors du cercle familier, qui accompagnent l'arrivée à cet autre monde que déploie soudain la parole, sans quoi elle ne surgirait pas, des passeurs, nautoniers et sans titres sur les tableaux de bord ; presque anonymes. Cécile Sales montre merveilleusement ce déplacement sur l'autre scène qu'instaure la parole où rien pourtant ne peut naître sans les tensions, les passions, les fascinations et les rejets de ce qui a lieu au moment de la première naissance et qui, assourdis avec le temps et comme dissimulés mais pas inactifs, ne cessent de capturer l'ici et maintenant de l'existence.

Le livre de Cécile Sales, lorsque finissent des années « d'exercice de la psychanalyse », n'a rien d'un bilan qui, tout compte fait, donnerait satisfaction. C'est bien le contraire : un récit sans complaisance ni nostalgie, où s'entendent des douleurs, celles endurées, celles infligées, sans jamais qu'on le veuille, ni non plus sans qu'on puisse les éviter. Récit d'exode surtout, où la fille-femme cherche et trouve sa place, hors toute prédétermination par quelque autorité que ce soit. C'est la marche rude vers l'événement de l'appropriation : du corps, des mots, d'une sorte d'autorité face à toutes les puissances, le soi, le « me voici », socle de toute éthique pour Levinas, qui doit faire face au vide lorsque se sont écroulées les solides garanties qui assuraient bien avant notre naissance. Demeure la parole. « La parole est mon royaume et je n'en ai pas honte », écrivit un jour Ricœur. Telle pourrait être une des clés de ce livre si vif, qui semble avoir dissous toute peur, qui s'en va allègre, léger, attentif, mêlant dans un même pas, la présence à l'autre et de l'autre et la présence à soi au carrefour, là où tout se croise et jamais simplement : la parole, la parole devenue chair.

Guy PETITDEMANGE

J'ai exercé la psychanalyse pendant plus de vingt-cinq ans. Si l'on compte les années d'analyse personnelle et celles de formation, cela fait plus de trente-cinq ans que la psychanalyse fait partie de ma vie. Elle a été à l'origine, comme pour beaucoup, d'une deuxième naissance et, comme pour certains, du désir de passer du divan au fauteuil.

Ayant pris aujourd'hui, du fait de l'âge, mes distances avec l'exercice de cette profession, je m'autorise aussi à briser un tabou, le silence que le psychanalyste garde sur lui-même. Son passé explique-t-il son présent ? Demeure-t-il marqué par ses pulsions ou ses affects ? Peut-il être ébranlé dans ses convictions ou ses valeurs ? Comment vit-il, dans le quotidien, cette relation à l'autre qui exige qu'il s'efface devant l'analysant et son histoire, mais reste authentiquement lui-même ?

Je me suis prise moi-même comme objet. J'évoque d'abord – à la lumière de ma propre psychanalyse – les années d'enfance et d'adolescence, puis celles de jeune adulte où je croyais réaliser mes rêves : AVANT. Puis l'incompréhensible douleur qui à la trentaine a bouleversé ma vie et conduit à la psychanalyse : L'ÉPREUVE. Je restitue ensuite ce que signifie la pratique quotidienne de l'analyste, en mettant en relief les affects qui s'y déploient de part et d'autre : AU JOUR LE JOUR. Enfin, je rapporte quatre cas significatifs de cure : HISTOIRES DE SÉPARATION.

Qu'est-ce qu'un psychanalyste ? Un gourou ? Un guérisseur ? Un conseiller ? Un médecin de l'âme ?... Rien de tout cela. Plutôt que de lui trouver d'autres noms, j'espère que ces pages ouvriront de nouveaux horizons à la compréhension d'un métier dont la méconnaissance demeure aussi profonde que surprenante.

Le titre de cet ouvrage m'a été inspiré par les jeux de mots de nombreux patients sur mon nom.

Chapitre premier

AVANT

Naître fille

En naissant j'ai rejoint le clan des « nounnies ». Ainsi mon père appelait-il ses filles quand elles étaient petites : Grande n'avait pas encore quatre ans et Seconde seulement seize mois. Comme il espérait, cette fois-ci, un garçon il assistait à ma naissance. Je ne savais pas encore que je l'avais fait pleurer.

Enfin, le fils vint, un peu plus de trois ans après ; une grande fête fut organisée pour son baptême. Mon souvenir le plus ancien date de ce jour-là. C'est une sensation de colère et de peur : je suis seule dans le noir, je hurle, j'entends taper contre le mur et la terreur me fait crier encore plus fort. On m'avait couchée et mes cris importunaient les voisins. Autour, la fête continuait sans moi. Contre moi ? Pour la naissance d'une fille, des larmes ; pour celle d'un garçon, liesse et fierté.

Quand, plus tard, mes larmes survenaient aussi impromptues qu'exaspérantes, elles prenaient sans doute là leur source puisqu'elles s'accompagnaient d'une pensée stupide et têtue que je tentais vainement de refuser : « Je ne suis qu'une fille. »

Le souvenir premier est donc associé à la célébration du masculin, l'avènement d'un fils comblant un père. Dans l'univers nobiliaire imaginaire où vit mon père, lui-même fils aîné du fils aîné, ce garçon assure la pérennité du nom, continue la lignée et conforte sa propre place. « Un baiser aux trois "nounnies" et un à ce fils que tu m'as donné », écrira-t-il à la mère. On peut toujours partager un baiser en trois.

« Il n'y a pas de pire destin que d'être une femme. Leur vie dépend entièrement de l'homme qu'elles épousent. Elles subissent. » Le grand-père paternel, avocat, dit cela tranquillement comme une évidence. À table, devant sa femme et sa belle-fille (ma mère), qui approuvent, ses trois petites-filles (mes sœurs et moi) qui restons muettes, confirmant ce qu'il écrivait des années auparavant à son fils, mon père : « Quelle angoisse de marier ses filles car en somme elles demandent à être guidées. » « Tu préfères sûrement ton fils ! C'est normal », affirmera la mère des années plus tard. « Je te félicite pour la naissance de ton bébé et doublement parce que c'est un garçon », m'écrira le père.

Être fille, c'est d'évidence être moins ; être du côté de la passivité et du manque, occuper les seconds rôles, dépendre d'un autre. On ne compte vraiment ni dans la marche du monde, ni dans celle de sa propre vie : épouse et porteuse d'enfants, tel est le destin.

C'est à son fils aîné que le père transmettra la maison familiale, fidèle à ses convictions royalistes, haineux de la République, « la gueuse », qu'il se plaisait à renverser symboliquement en collant les timbres à l'envers. Ce n'était pas une surprise mais, après sa mort, pendant que l'élu lisait à haute voix son testament, je guettais le message qui serait adressé à ses autres enfants. Nous n'avons eu droit qu'au silence et durant les deux kilomètres que nous fîmes à pied pour accompagner son corps à l'église, tandis que nos pas reprenaient cette route si souvent parcourue autrefois par des journées semblables, paisibles, chaudes, dans ce paysage si civilisé, le frère second à mes côtés exprimait à voix haute mes propres pensées : « Il n'a pas eu un mot pour nous. » La mort rendait définitive ce silence qui nous enfermait chacun de notre côté depuis des années. Aucun espoir ne subsistait pour qu'il se rompe un jour et j'ai compris par la suite, quand les larmes sont venues, qu'il était mon adversaire privilégié dans un combat où il n'y avait plus ni vainqueur, ni vaincu. La mort inscrivait le mot « fin » avant que la bataille s'achève.

Les larmes de la naissance et le silence de la mort ne rendent pas compte de ce que furent nos relations entre ces deux extrêmes mais perdure le doute d'exister, la tristesse du laissé-pour-compte.

Depuis sa mort dont j'ai oublié la date, je n'ai jamais senti sa présence à mes côtés, mais plutôt son manque, la forme de liberté que procure l'absence de lutte. Je sais lui devoir l'amour de la nature, des bois et des paysages d'hiver et sous une autre forme que la sienne l'intérêt pour le passé, mais son souvenir ne me nourrit pas. Il a disparu il y a très longtemps, avec la petite fille modèle d'autrefois qu'il aimait. Nous ne nous étions jamais retrouvés. Depuis l'adolescence nous n'avions fait que nous croiser : il est d'impossibles retrouvailles.

Un château maléfique

Toute enfance devient conte, elle est toujours reconstruite. S'y mêlent la vérité « historique », les souvenirs et leur déformation, les fantasmes et l'imaginaire alimentés par la réalité ou ses bribes. Cette reconstruction elle-même prend racine dans la personnalité du conteur qu'elle révèle. Celui-ci parle de lui et de lui seul et les traces du passé le conduisent à la rencontre de cet enfant énigmatique – lui-même, autrefois –, qu'il tente de rejoindre. Surpris parfois que ses proches n'aient pas vécu les évènements de la même manière que lui ; étonné d'avoir oublié tel fait important pour l'autre. Ramené au constat que nul, dans la même famille, ne vit la même histoire, n'a eu les mêmes parents ni des relations identiques avec eux, selon sa place dans la fratrie, son sexe, les prénoms, la personnalité, les ressemblances, les goûts, etc.

Il était une fois un château dans une région où ils ne sont pas rares… Il se cache au flanc d'un coteau d'où il domine un vallon. On peut passer sur la route sans l'apercevoir, un bosquet d'arbres le cachant vite aux regards. Ses tours et ses créneaux n'en imposent pas car on voit tout de suite qu'il n'a pas été construit pour la guerre, plutôt pour la galanterie et l'art de bien vivre. Lorsque par une journée torride d'été, il s'offre au soleil qui bronze ses hautes toitures et rosit la pierre de ses murs, il suggère un bonheur léger, alimente les rêves du temps passé. Comme ils ont de la chance les gens qui vivent là ! Si on se risque d'aventure à emprunter l'allée bordée d'arbres qui y conduit, après avoir grimpé la côte, jeté un regard intrigué aux deux lions de pierre, rongés par le temps et couverts de lierre qui indiquent l'arrivée, après avoir levé les yeux sur le petit pont qui relie les deux hauts talus herbus entre lesquels l'allée s'enfonce, surpris, désappointé et même un peu inquiet, on s'arrête : plus de joli château blond, doré par le soleil mais une façade sombre, le côté nord, le côté cuisine, l'envers du décor… L'ombre à la place de la lumière, l'austérité au lieu de la gaieté, la sévérité en guise de tendresse et de douceur. On ne s'avance pas vers la lourde porte cloutée qui d'ailleurs est toujours close. On se hâte au contraire, en suivant l'allée et le contour des pelouses, vers la lumière du devant, la terrasse et ses pétunias violets le long du mur. En faisant malgré tout rouler les cailloux sous ses pas pour calmer une crainte subite et implorer les bons esprits. Cette face nord, froide, austère, peut-être maléfique, correspond bien aux évènements qui se sont déroulés dans ce château, au souvenir apeuré que j'en garde.

Après avoir quitté ce lieu, lorsque nous y revenions les années suivantes avec la mère pour la traditionnelle et obligatoire visite de l'été, j'aimais presque cette ombre noire qui retardait le moment de pénétrer sur la brûlante terrasse toujours déserte et de pousser la porte du hall : l'odeur des dalles de pierre, les tâches bariolées que dessinaient les vitraux, le silence, la pénombre de la haute pièce évoquaient une église.

Je retrouvais, intacte, la peur née là et celle qui l'avait inspirée : la grand-mère. Elle était toujours assise à la même place, à gauche de la porte. La mère entrait la première car nous avions, nous, les filles, la gorge nouée des terreurs anciennes indélébiles. Elle disait « maman chérie… » et, les larmes aux yeux, poussait vers elle ses enfants endimanchés. Son regard inquiet guettait l'approbation, la bénédiction de sa mère ; son bonheur ou son malheur semblait dépendre de cette sorte de présentation rituelle. La grand-mère nous embrassait tour à tour sur le front, sa main autoritaire relevait nos mentons pour plonger dans nos yeux son regard vorace et peu bienveillant. Pourtant des compliments excessifs sortaient de sa bouche, enrobés dans la modulation si particulière de sa voix ; ils éclataient dans l'air chaud, illusoires et fragiles comme des bulles de savon. La mère seule s'efforçait d'y croire.

Oui, la peur est née là. Lorsque, parfois, elle m'envahit encore, je suis ce petit enfant terrorisé, n'ayant d'autre souci que de se faire oublier dans un coin, de se recouvrir du manteau de l'inexistence. La peur, ce mot infamant avec ce son rauque du « r » qui lui convient si bien, tapie dans le ventre, les poumons, la gorge ; la peur qui immobilise et empêche de penser. Elle s'assoupit, reste sage et tranquille parfois longtemps pour se réveiller à grands sursauts ; elle n'est pas déracinée.

Il était une fois, il y a très longtemps, en cet été 40 – j'avais cinq ans –, une jeune femme, mère de quatre jeunes enfants, la mienne, très enceinte d'un cinquième… C'est la guerre, son mari est parti se battre et ne donne plus de nouvelles. Elle quitte Paris, part vers sa province natale avec les enfants et leur bonne (comme on disait à l'époque) et se réfugie auprès de sa mère, dans la demeure de son enfance et de sa jeunesse qu'elle n'a quittée qu'à son mariage.

Peut-être la mère se sent-elle chez elle, mais les enfants, eux, savent qu'ils dérangent, qu'ils sont un poids. Une tension règne, traduite dans les propos de Jeanne, notre bonne, dans la sagesse qu'on exige. Il faut se faire tout petit, se faire oublier. Les enfants n'ont aucun intérêt ; ils sont là, nécessaires pour assurer la continuité de la famille et n'acquièrent d'importance que lorsqu'ils quittent l'enfance. Ils sont confiés à un double maternel et vivent complètement à part : les pièces nobles – salons, bureau, hall, salle à manger, grand escalier et même la terrasse – leur sont interdites. Quand il y a des visites, on les montre. Jeanne nous recoiffe, arrange nos vêtements, nous accompagne jusqu'à la porte du salon en nous encourageant. Je m'accroche à sa main, puis à celle d'une de mes sœurs, me glisse derrière elles. Faire la révérence, dire bonjour, puis vite repartir vers les offices les oreilles bourdonnantes, rouge de timidité et de honte.

Les enfants ont droit à la porte de derrière, à l'escalier et au cabinet de service qui pue l'urine. Comme les domestiques, avec lesquels il est cependant interdit de frayer, car il ne faut pas avoir avec eux une familiarité déplacée, ni les déranger car ils ont autre chose à faire… La cuisine, odorante, accueillante, domaine de la petite Marie, haute comme trois pommes avec son chignon blanc sur le sommet du crâne, qui nous adresse un gentil sourire quand elle nous croise, reste, hélas ! un paradis entr'aperçu. Parfois, en fin d'après-midi, on se glisse près de Léonie qui s'occupe de la basse-cour. Miracle, les orties ne lui font pas mal : elle s'en empare à pleines mains pour préparer la pâtée des canards et quand elle arrive avec son tablier plein de grains, sa bassine sous le bras, c'est le tohu-bohu, les piaillements, la bousculade affairée des volailles. On ne comprend rien à ce que dit Léonie, à son patois, à sa diction difficile car elle n'a plus de dents. Malgré ses traits rugueux, ses cheveux en bataille, son énorme menton en galoche qui rejoint, sans lèvres, le long et fort nez, malgré ses mains d'étrangleuse, rouges, boudinées et l'odeur permanente de graisse froide qu'elle dégage, elle n'a rien d'effrayant. Elle est bénéfique.

Les enfants se meuvent dans des espaces bien balisés. Nous prenons nos repas à l'office, pièce située entre la salle à manger et la cuisine, sous l'autorité de Jeanne qui fait partie comme nous de la même caste intermédiaire. On y retrouve Berthe. Berthe la folle, avec ses cheveux grisonnants mi-longs, mal peignés, son regard hagard, sa grande bouche plate aux longues lèvres, son visage plâtreux, sa maigreur. C'est, dit-on, une ancienne modiste recueillie par la grand-mère. Berthe parle toute seule, des mots sans suite, des mots que l'on ne comprend pas, des borborygmes ; ses yeux roulent sans voir personne derrière ses lunettes, son regard halluciné fixe la fenêtre. Elle lape sa soupe à grand bruit et le contenu de son assiette dégouline le long de sa bouche, s'accroche aux longs poils blancs de son menton. C'est un spectacle fascinant, répugnant, inquiétant. Parfois très agitée ou en colère, elle lance des injures ou du moins le croit-on, ses yeux de hibou nous fixent furieusement. On la regarde bouche bée ce qui renforce sa fureur. Jeanne dit : « Allons, les enfants, mangez votre soupe, soyez sages, n'écoutez pas. »

Qu'est devenue Berthe après notre départ ? D'où venait-elle ? Quelle était son histoire ? Je n'en ai jamais rien su. Mais elle reste vivante dans ma mémoire. Peut-être hante-t-elle encore le château, errant dans les couloirs, fantôme en blouse grise sans forme, cheveux blancs épars, yeux fous, rire édenté et grimaçant, la lampe pigeon qu'elle tient à la main projette son ombre immense et fantastique. Se moque-t-elle de la terreur qu'elle inspire ? Appelle-t-elle au secours ?

« Vous voyez, elle a les yeux ouverts.

– Oui, mais ses sens sont fermés... »

On ne doit pas être vu sur la terrasse devant le château, ni traverser le jardin potager, où les framboises sont tentantes malgré leur goût de punaise et les citrouilles pleines de mystère, ni entrer dans la serre… On part l'après-midi en promenade, dans le bosquet, avec Jeanne qui transporte son pliant et son tricot.

Avec mes sœurs, on trouve refuge dans un des petits bâtiments bas qui, à la gauche du château, relient la chapelle aux bâtiments de ferme. Nous passons beaucoup de temps dans ce petit espace sombre au sol en terre battue. On y joue, on se raconte des histoires, on commente les faits quotidiens. On se tient chaud à l'abri des regards. Quand les pas de l'oncle approchent, on se tait et on se serre les unes contre les autres. Avec son béret vissé sur sa tête, sa pipe au coin des lèvres, son visage fermé, proche de la fureur, c'est l'Ogre. On raconte sur lui des histoires, qu'il s'est marié une première fois contre le gré de son père… que sa jeune femme est morte au moment de l'accouchement en même temps que l'enfant – un garçon – qu'elle mettait au monde… qu'il est devenu fou de douleur… qu'il n'a pas parlé pendant une année entière… On dit qu'il est irrité de notre présence au château, qu'il déteste les enfants. Pourvu qu'il ne nous voie pas, ne nous entende pas, ne nous sente pas ! On est bien là cachées ; on est en sécurité ; c'est notre ventre ; ça sent notre odeur mêlée à celle, forte, de la terre et à celle, parfois, de notre urine. Je me sens très protégée, pelotonnée contre mes deux sœurs.

Longtemps je ne me suis pas vécue seule ; le sentiment ou la sensation d'être un individu enclos dans sa propre peau ne m'a été sensible que tardivement. Peut-être, plus tard, ce jour où vers huit ans je cherche un trèfle à quatre feuilles dans l'herbe en signe d'une chance à venir ; je me demande alors, comme tant d'enfants insatisfaits, si je suis bien la fille de mes parents… mais tout confirme, hélas ! cette filiation. Ou quand je me suis retrouvée seule, sans mes sœurs qui partaient en pension ? Jusque-là, je me sentais faire partie d'elles ; nous formions un tout, une entité se décomposant en trois personnes inséparables. La trinité. Ce que l'une ressentait, l'autre l'éprouvait ; il allait de soi que nous pensions la même chose ; identiques et différentes mais pas singulières.

Mes deux sœurs aînées étaient mon cordon ombilical ; elles me protégeaient, m'expliquaient la vie. J'accordais mes pensées et mes sensations aux leurs ; je les emmenais partout avec moi : elles étaient en moi et je me sentais en elles. Elles, qui avaient connu l'époque où je n'existais pas, avaient sans doute davantage conscience de leur existence propre ; les liens qu'elles tissaient à l'extérieur du trio leur permettaient de se distinguer. Moi, je les avais toujours connues me précédant et toujours là pour me déchiffrer le monde, pour vivre juste avant moi ce qu'il me faudrait vivre. Ce n'était pas une entente toujours cordiale, les disputes, crêpages de chignon et griffures s'échangeaient violemment mais cela ne regardait que nous ; c'était des signe de vie comme la tendresse, les chatouilles, le partage du chocolat de guerre (« à toi les bords en chocolat ; à moi, la pâte blanche du dedans ! »), le bain dans la même baignoire et quand il faisait trop froid dans la chambre au carreau cassé, mal bouché par un papier journal, le sommeil dans le même lit, corps emmêlés. Elles se complétaient : je trouvais en l'aînée l'imagination, le rêve, la sensibilité, la fantaisie (elle n'avait pas son pareil pour transformer des crayons en princes et princesses ou pour faire de simples chaises des héroïnes de tragédie) ; j'aimais l'audace, la solidité, la force, le raisonnement logique de la seconde (elle avait son franc-parler, n'avait pas peur des fantômes, ne s'enfermait pas en pleurant dans les cabinets au moment de retourner en pension). J'en avais toujours une sous la main. Je ne me souviens pas qu'elles se soient durablement liguées contre moi. Je leur adressais, à ces sœurs, tout mon amour qui n'avait nulle autre accroche. L'amour tournait à la ronde entre nous trois, il nous irriguait, rouge comme le sang.

Il n'y avait qu'elles pour moi et la force de leur existence – rempart ou écran – maintenait les autres, c'est-à-dire les « grandes personnes », à une distance qui rendait supportable la peur qu'elles m'inspiraient. Pour reconnaître l'évidence de cette communication charnelle, il faut l'avoir perdue.

Nous étions trois et pourtant je crois avoir approché ce que ma mère avait connu dans sa gémellité. Nous ne nous ressemblions pas autant qu'elle et sa sœur – seul un œil habitué les distinguait, paraît-il –, mais habillées toujours pareillement, yeux noirs, cheveux foncés coiffés de manière identique, tailles en espaliers, nous étions les « trois pruneaux » ou, plus souvent encore, « les filles », appellation qui avait remplacé « les nounnies » et qui reprenait celle qui désignait ma mère et ses sœurs à la génération précédente.

Évoquant cette enfance partagée, je pense « je » et me surprends à écrire « nous » comme si je n'avais pas le droit d'y toucher seule, comme si les trois filles avaient tout vécu de la même façon, joies et douleurs, avec une intensité identique, ce qui me rend incertaine de mes souvenirs ou de mes sensations propres. Je désirerais presque avoir leur aval : je les imagine – mes sœurs – présentes derrière mes épaules, aujourd'hui moins tutélaires que menaçantes, prêtes à me réduire au silence. Parler en mon nom est-ce une trahison ? Passer du « nous » au « je », une imposture ?

Quand ces sœurs qui sont la vie pour moi ne sont plus là, qu'elles vont apprendre à lire, écrire et compter avec la grand-mère, je me sens abandonnée et j'attends leur retour dans ce qu'on appelle « l'antichambre ». C'est une pièce destinée aux enfants située au premier étage, en face de l'escalier de service. Une monumentale cheminée de pierre occupe entièrement l'un des panneaux. Elle y a été hissée lors des travaux d'embellissement du château pour le mariage de la grand-mère ; sa présence est incongrue dans cet espace bas de plafond qu'elle écrase complètement. Un parquet non ciré, quelques chaises dépareillées le long du mur, je ne me souviens pas de jouets. Jamais lieu ne m'a paru plus triste, sans doute parce que j'y ai vécu cet ennui interminable que l'on ne connaît bien qu'enfant. Je regarde vaguement Jeanne qui s'occupe des garçons plus petits, je ne bouge pas de ma chaise, j'attends que le temps passe, je somnole, je m'ennuie, j'ai envie de faire pipi mais il faudrait bouger… je tiens encore… encore… une flaque au-dessous de moi. Je vais être grondée.

Jeanne connaît bien les règles de ce territoire médian qu'elle partage avec nous. Ce n'est pas une domestique comme les autres et elle tient à cette différence qui lui confère un statut particulier. Est-ce que je l'aime ? La question ne se pose pas. Elle est là ; elle est toujours là, inévitable et sûre. Je n'ai pas sa préférence mais je sais qu'elle m'a, comme les autres, placée sous sa responsabilité, qu'elle nous protège, qu'elle prendra toujours notre défense.

Petite, râblée, ses rondeurs accusent la solidité de sa silhouette sans l'adoucir. Son visage large et pâle, souvent abîmé par un bouton de fièvre à la commissure des lèvres, ses cheveux châtains ternes qui lui donnent bien du souci n'en font pas une beauté. Elle serait assez banale sans le regard aigu de ses yeux écartés, d'un gris-bleu changeant que la colère fréquente charge d'éclairs. On l'appelle « nanou ». Est-ce elle qui a créé ce mot doux, moelleux, qui ne restitue ni la rudesse de sa personnalité, ni la réalité de nos relations ? Nanou évoque genoux secourables, tendre poitrine, bras consolateurs. Or, si elle est solidité, rempart, protection, elle est aussi sévère et impatiente, peu portée aux câlineries, d'un abord rugueux comme ses mains toujours rêches dont la peau s'accroche à nos cheveux et à nos lainages. Elle est propre et abrupte, inflexible.

Il m'arrive encore, amusée, de me remémorer l'une ou l'autre des formules qu'elle affectionnait : « N'est pas beau qu'est beau, est beau qui plaît » ou, lorsque nous ne savions pas quoi faire : « Gratte-toi les jambes pour avoir des bas rouges. »

Jeanne, c'est aussi la conteuse. Elle parle, elle raconte au rythme de son plaisir ou de son ennui. De sa place, elle est rarement acteur, elle est le témoin qui rapporte les faits et les commente, les enjolive peut-être, les travestit sans doute, suggère une interprétation. Par elle, on apprend l'histoire de la famille, les brouilles, les deuils et les rivalités. Grâce à elle, on perçoit qu'il y a toujours autre chose derrière les apparences, que ni les faits, ni les gens ne sont tout à fait comme il semble. Avec elle, on est dans les coulisses.

Jeanne est bretonne, d'une famille de onze enfants dont nous connaissons les prénoms et l'histoire : d'elle, nous apprenons qu'il existe un autre monde, pauvre, difficile où l'on quitte l'école de bonne heure, où l'on travaille jeune chez les autres. Elle forme avec ma mère un couple étrange, lié par une estime réciproque et par les enfants que la mère met au monde et que Jeanne l'aide à élever. Des querelles les opposent : la mère l'accuse de manquer de souplesse, de respect, d'avoir mauvais caractère : « elle n'en fait qu'à sa tête », « elle ne supporte pas les ordres », « elle oublie que je suis la patronne »...

Elle n'est pas conforme à l'image d'Épinal de la servante au grand cœur ; elle connaît Paris, elle a discuté avec ses frères, ouvriers, avec ses sœurs, elles aussi « placées » ; elle n'appartient pas au même univers que les « chers » domestiques de ma grand-mère qui « faisaient partie de la famille ». Sans doute Jeanne est-elle jalouse de notre mère, de sa position sociale, de son mariage, de ses enfants. Double de la mère, plus présente que la vraie, elle exerce sur nous une réelle autorité.

Elles se disputent parfois violemment. Comment prendre parti entre les deux souveraines de nos destinées ? Peut-être leur connivence profonde s'établit-elle autour de la préférence que l'une et l'autre accordent aux deux mêmes enfants : Seconde et le fils aîné. S'en rendent-ils compte, eux ? Peut-être pas ; mais les autres, ceux qui ont le plus souvent tort, ceux qui doivent céder dans les querelles, ceux qui sentent que le premier mouvement ne va jamais vers eux et que c'est la raison qui rend justice, les délaissés, les mis au second rang, eux savent qu'on ne peut rien contre ça, contre l'élan, contre l'amour. « Pourquoi elle ? Pourquoi lui et pas moi ? » Ces questions eussent été le signe que cela n'allait pas de soi. Or ça allait de soi, c'était aussi intangible et incontournable que le froid en hiver et le soleil d'été. C'était comme ça et rien n'y pouvait rien changer.

Jeanne est proche. La mère, elle, est assimilée aux grandes personnes qui vivent au-dessus de nous une existence parallèle. Parmi elles, « l'Ogre », le frère aîné de la mère, qui a hérité du domaine et l'exploite, « Favori », vingt et un ans, le frère étudiant et, bien sûr, la grand-mère elle-même.

Il était une fois une reine, méchante, cruelle et toute-puissante. C'est elle le personnage central du conte, les autres ne sont que des comparses.

Elle est toujours vêtue d'une longue robe noire avec un ruban de gros-grain blanc autour du cou, de longs colliers font quand elle bouge un bruit de chapelet, un châle noir à franges couvre ses épaules. Elle n'est pas grande mais le paraît à cause de sa tenue, de la majesté qui émane d'elle, de son autorité. Un visage large et rond, très pâle, avec des traces de poudre à l'odeur sucrée, que l'acuité du regard marron clair rend intelligent. Elle tient droit sa tête couronnée d'un chignon qui rassemble et fait bouffer ses cheveux gris-blanc, tandis qu'un frisottis léger adoucit le haut du front.

Elle exige la distance et le respect, suscite la crainte et la soumission. Elle tutoie ses domestiques, exige qu'ils lui donnent son titre « Oui… non… madame la Comtesse », « Comme madame la Comtesse voudra ». On vit au gré de ses humeurs, toute décision vient d'elle, les faits et les gestes de chacun remontent jusqu'à elle. L'outil de sa puissance est la peur quelle inspire, palpable, sorte de halo qui l'entoure d'un cercle magique. Elle est au centre des conversations ; on se rapporte ses réflexions cinglantes, ses injustices. La Grande, rêveuse et tendre, qu'elle n'aime pas, est l'une de ses cibles ; elle l'humilie publiquement, lui dit qu'elle est bête et laide. « Le jour de sa mort, j'irai danser », disait la Grande. Qui le fit.

Elle donne vie par sa toute-puissance ; son regard vous fait exister, son désintérêt vous rejette dans le néant. Elle n'inspire pas confiance à cause de son humeur instable et parce qu'on l'a vue trop souvent complimenter de manière excessive celui (ou celle) dont elle se moquera dès qu'il (elle) aura le dos tourné. Elle a la dent dure, beaucoup d'esprit et trouve les mots pour toucher les points vulnérables d'autrui avec précision. Elle aime avoir un auditoire, le rendre complice et on éprouve de la jouissance à l'écouter exercer son esprit aux dépens d'un autre que soi-même.

Elle a ses préférences et les affiche. D'ailleurs, son comportement n'est que passionnel. Elle est à elle-même son propre centre, toujours dans son bon droit, n'imaginant pas se mettre à la place d'autrui. Dans toute discussion, elle exige la reddition. Elle vous met – en raison d'une impossibilité radicale à se faire entendre – dans un état difficile à décrire, une haine animale liée à une sensation physique d'éclatement ; on se retrouve, au sens strict du terme, hors de soi. Cet état, proche de la folie, impossible à mettre en mots, reste incompréhensible à qui ne l'a pas vécu.

Elle semble directement reliée à Dieu, l'évoque à tout propos, consacre une part importante de sa vie à la religion, subvient aux besoins de nombreux séminaristes, prodigue son argent dans les bonnes œuvres, échange une abondante correspondance avec des couvents, des prêtres, l'évêque. Elle lit des vies de saints et la Bible, lecture peu recommandée à l'époque par l'Église. Son énorme missel d'où s'échappe une quantité d'images pieuses, les appels à la chapelle pour la prière du soir ou la récitation du chapelet, la lecture des offices à laquelle l'oblige son appartenance, depuis son veuvage, au tiers ordre des Clarisses, font d'elle une sorte de religieuse dans le monde, ou plutôt une femme-prêtre, l'intermédiaire entre Dieu et le commun des mortels. Ce pouvoir spirituel la grandit encore. Elle occupe évidemment la première place à l'église et nul n'oserait s'approcher avant elle de la sainte table au moment de la communion. Au ciel comme sur la terre elle reste la première.

Le château, sa chapelle, ses communs, son bosquet, ses prairies, les métairies aux alentours constituent le royaume de la femme en noir. Reine ? Prêtresse ? Sorcière ? Marâtre ?

La grand-mère est veuve depuis plus de dix ans d'un mari qu'elle évoque rarement – « le pauvre Jean » –, contrairement à son père, référence obligée, dont le buste trône dans le hall. « Sais-tu que mon père pratiquait onze langues ? qu'il fut l'auteur de la première grammaire annamite ? qu'il a aimé Rachel, la grande comédienne ? qu'il a terminé sa carrière comme ministre plénipotentiaire en Turquie ? » Son autorité, héritée de ses parents qui, certes, n'en manquaient pas, tient aussi à son éducation, à son enfance de petite princesse à Constantinople, à la vie facile ensuite dans l'hôtel de Poitiers.

Les « Souvenirs » de « grand-mère Thérèse » (la mère de la grand-mère dont je porte le prénom, Cécile), retrouvés après la première rédaction de ces pages, sont riches en révélations concernant celle qui était sa troisième fille. Certaines éclairent sa personnalité d'un nouveau jour. On y apprend que sa naissance survenue pendant la grave maladie du frère qui la précédait ne fit à ses parents « ni joie, ni peine », qu'elle vécut, enfant, très souvent éloignée de sa mère ; et, aussi, qu'elle nageait comme un poisson et jouait fort bien au tennis... Y sont aussi évoquées les circonstances de son mariage survenu très tôt après une importante déception sentimentale. Ce premier amour, s'il s'était concrétisé, lui aurait permis de mener une vie autrement riche et mondaine que celle que lui offrait son mari, un hobereau provincial. Elle l'avait d'ailleurs fort peu connu avant de l'épouser et de venir vivre dans ce château, éloigné de toute ville importante. Elle régnait dans ce royaume trop petit pour elle, y exerçant un pouvoir d'autant plus absolu qu'il manquait d'espace pour s'exercer. De nos jours, son intelligence et son caractère lui auraient permis d'exprimer autrement ses talents.

Elle a eu neuf enfants : sept filles dont une, la première, morte tôt après la naissance, et deux garçons. Elle avait organisé l'éducation et la vie quotidienne de ses filles comme si elle eût été la supérieure d'un couvent. Celles-ci – ma mère et mes tantes – gardaient un bien mauvais souvenir de leur enfance et de leur jeunesse sous la férule maternelle : le froid, l'austérité, la discipline. Même le voisinage, à l'époque, s'étonnait de méthodes aussi désuètes que sévères : office ou messe le matin à 7 heures, vêpres le soir à la chapelle ; le reste du temps également réparti entre le repassage, le raccommodage du linge, la broderie, le ramassage du bois dans le bosquet et le travail scolaire. Les institutrices s'étaient succédé et leur avaient inculqué le peu de savoir qu'elles-mêmes possédaient. Nul ne s'était soucié de leur ouvrir plus avant l'esprit ni de développer leurs connaissances et leur sens critique. Les filles étaient donc imbattables sur les règles de grammaire, les tables de multiplication ou les divisions, les départements français avec leur liste de préfectures et de sous-préfectures. « Je n'aurais pas été plus bête qu'une autre si on m'avait appris », disait parfois ma mère quand on découvrait, mi-apitoyé mi-honteux, l'étendue de son ignorance. Elles n'avaient guère de loisirs en dehors du jeu de croquet et des leçons de musique ; elles accompagnaient leur mère dans les visites aux paysans pauvres du voisinage pour qui elles confectionnaient des vêtements. La grand-mère matait toute rébellion, avait la main leste et ne manifestait guère d'affection. L'affection leur était apportée par leur père, amateur de voitures et de bridge, mais il était occupé par la vie mondaine et n'avait guère droit au chapitre. De toutes les façons, elle avait pris le pouvoir.

Les filles étaient donc élevées pour se marier ; ce qu'on ferait en les sortant une à une dans le monde, à Poitiers où grand-mère Thérèse les accueillait dans son hôtel particulier. « Il fallait partir, fût-ce sur des béquilles », me dira la tante dont le mari était atteint par la poliomyélite. Malgré les pressions de la grand-mère, aucune d'elles ne se fit religieuse. Elles savaient que deux sœurs de leur père étaient entrées au couvent, l'une d'elles sous la contrainte : « Je me ferai toute petite, je ne demanderai rien...

mais pas le couvent ! pas le couvent ! », criait-elle dans la voiture qui la conduisait chez les Visitandines.

Le fils aîné – l'Ogre – n'avait pas été plus gâté : il avait été mis en pension dès l'âge de sept ans dans un collège de jésuites à la réputation sévère dont il ne sortait que rarement selon la coutume de l'époque.

Les tantes étaient unanimes dans leurs plaintes concernant leur enfance et leur éducation ; elles avaient envers leur mère des mots durs sous lesquels ne transparaissait aucune tendresse mais où perçait – quand même – une sorte d'admiration pour la force du personnage. Ma mère disait que nous étions des enfants gâtés, mais elle n'aimait guère évoquer ce passé, sinon pour manifester de la tendresse envers son père et de la nostalgie envers le train de vie du château, les réceptions et les neuf domestiques, comme pour rappeler d'où elle était issue et que son mariage l'avait un peu déclassée.

Cette éducation en vase clos avait créé entre elles – les sœurs : ma mère et mes tantes – une solidarité et une affection très fortes ; elle les avait aussi rendues semblables malgré leur différence, une sorte de « marquage », d'empreinte psychique plus profonde que les ressemblances apparentes. Elles avaient intégré, bien qu'en ayant souffert ou pour cette raison même, beaucoup de traits de caractère de leur mère : instabilité et violence – éclats de voix et mots qui tuent –, impatience, sévérité, goût pour les comparaisons et les préférences, certitude d'être dans le vrai, méconnaissance du mal fait à l'autre. Elles y avaient ajouté un goût maniaque de l'ordre promu en vertu cardinale. De leur mère, elles tenaient aussi une haute idée de leur rang dans la hiérarchie sociale et cette inimitable façon de parler qui leur faisait placer l'accent tonique sur les seuls adjectifs. L'inflexion de leur voix les faisait se détacher, isolés, brillants comme une bille d'agate, ce qui donnait à leur phrasé, surtout en public, une modulation inhabituelle et séduisante. J'ai pareillement connu cette invasion brutale d'une rage indéterminée et ces instabilités d'humeur capables de rendre l'atmosphère irrespirable et je crains d'avoir aussi, parfois, inspiré de la peur à mes enfants. Au-delà de ma mère, je retrouve la filiation féminine maternelle. Ainsi, même absente, même morte, la grand-mère reste la référence originelle : le mal vient d'elle.

Elle était au-dessus des lois. Elle était le maître du destin. À la mort de son mari, elle avait, devant le notaire, déchiré son testament et ainsi rétabli le droit d'aînesse en faisant pression sur ses filles et sur le fils plus jeune, d'ailleurs mineur, afin que tous renoncent à leur héritage en faveur de l'aîné. « Nous les avons eues en chemise ! » disait allègrement un oncle. Les filles gardaient, à vif, le sentiment de s'être sacrifiées ; elles estimaient avoir un droit moral sur le bien auquel elles avaient si peu librement renoncé. C'est pour cela, sans doute, qu'elles y restaient, malgré le temps, si attachées et qu'elles revendiquaient, sans le dire, auprès du frère aîné des marques de reconnaissance qu'il ne donnait pas. Ce passé laissait des blessures qui ne cicatrisaient pas.

Par son attitude, la grand-mère, non issue de la noblesse, en adoptait les règles anciennes et révolues. Ses raisons restent obscures. Sûrement le souci d'assurer son propre avenir et la peur de voir disperser le domaine sur lequel elle régnait. S'y ajoutaient – sans doute – le mépris envers ses filles et les femmes en général et – peut-être – le moyen de s'attacher le fils aîné. Pourtant, l'affection ne transparaissait pas dans leurs rapports : elle semblait le craindre, en disait pis que pendre derrière son dos, même si elle se montrait humble et flatteuse en sa présence. Il lui manifestait en public une politesse glaciale mais les échos des violents conflits qui les opposaient filtraient. On disait : « C'est du Mauriac ! »

La grand-mère mariait les filles et établissait les garçons. Puisque le fils aîné héritait du château et des terres, il fallait penser au plus jeune, à Favori. Elle le fit adopter par le frère qui la précédait, célibataire, très bossu à la suite d'une maladie d'enfance, mais non dépourvu d'argent. Il avait séjourné au château lorsque nous y vivions ; sa taille enfantine, cette énorme bosse, ses yeux sombres aux longs cils, son regard très doux et son lourd parfum oriental m'avaient frappée.

Avec la mort de son dernier fils, Favori, la dimension tragique et maléfique de la grand-mère a pris une autre dimension.

Dans la nuit du 7 au 8 mars 1941, il y a beaucoup d'agitation et de bruits... Au matin, on apprend que Favori est en train de mourir dans une clinique de la ville proche. Il n'y avait pas encore l'électricité au château ; on s'éclairait avec des bougies, des lampes à pétrole ou à acétylène dont la lumière bleutée, le sifflement discontinu et l'odeur âcre restent dans ma mémoire. Il avait l'habitude de lire tard dans son lit ; il s'était endormi ; la bougie avait mis le feu à ses vêtements de pilou dont il n'avait pu se débarrasser car ils collaient à sa peau. Réveillé par la douleur, il avait couru en hurlant à travers les pièces, ce qui avait attisé les flammes ; Grande et Seconde se souvenaient d'une boule de feu sautant au-dessus de leurs lits et on voyait dans le couloir les traces gris cendré de ses pas.

Il est mort au matin ; il n'avait que vingt-deux ans. C'était la fête de Saint-Jean-de-Dieu, célèbre pour avoir sauvé les malades d'un hôpital ravagé par les flammes « parce que le feu de l'amour divin qui embrasait son cœur était plus grand que celui qui brûlait au-dehors ».

Nous avions été jugées trop jeunes pour assister aux obsèques, mais des fenêtres du premier étage, on pouvait voir sur le coteau d'en face la longue procession noire qui l'accompagnait à l'église puis au cimetière. « Tout le pays s'est déplacé », disait ma mère de son ton inimitable.

C'était le Favori de la grand-mère, le seul de ses enfants à qui elle avait manifesté une tendresse qui, avec le temps, s'était muée en adoration. Sa vie qui depuis vingt-deux ans tournait autour de lui est restée comme en suspens. « Avec lui, j'ai tout perdu », répétait-elle lors des visites de l'été quand elle m'accompagnait jusqu'à sa chambre où tout était resté figé, ses lunettes et le livre qu'il lisait sur la table de nuit.

Après la catastrophe, il est venu prendre place sur la commode du hall auprès des autres morts ; une photographie sinistre : un jeune homme au visage allongé, au regard triste derrière ses lunettes, comme s'il connaissait sa mort et qu'il la regardait s'avancer de ses yeux vides.

Il est devenu pour elle l'objet d'un véritable culte ; elle le parait de toutes les vertus et j'assimilerai son destin à celui de ces autres jeunes gens héroïques dont on me narrerait plus tard, au Sacré-Cœur, l'histoire édifiante ou le martyre ; ils avaient refusé le péché et ainsi mérité une place privilégiée auprès du Très-Haut.

La grand-mère a écrit la vie de Favori qu'elle tenta de faire publier… En toile de fond, le récit, véritable hagiographie, donne un éclairage intéressant sur la mentalité des hobereaux dans les années 20-40, le poids de la religion et l'importance de l'Action française. Mais l'essentiel est bien sûr le conte ou la légende qui narre l'histoire d'un enfant aux dons exceptionnels devenu mieux qu'un héros de tragédie, un saint, un martyre. Elle se met en scène insistant sur l'extraordinaire intimité qui les liait, symbolisée par ce pastel qu'elle fit réaliser et qui les représente tous deux dans un échange de regards complices, quasiment amoureux. Couple mère-fils, couple inséparable.

Elle l'avait destiné à la prêtrise car selon une expression de sa propre mère « elle tenait beaucoup à avoir "son prêtre" ». Une photographie le représente, d'ailleurs, âgé de quatre ou cinq ans revêtu de la panoplie de prêtre : visage rond et réjoui, les bras écartés en un geste déjà épiscopal, la chasuble tombant bien droit sur l'aube brodée. Elle n'avait pu se séparer de lui et il n'avait jamais été au contact d'autres enfants mais élevé en serre comme une plante rare ; un abbé résidant au château lui servait de précepteur, plus tard, il avait suivi des cours privés au petit séminaire de la ville.

L'année précédant la guerre, au grand dam de sa mère, il avait émis des doutes sur sa vocation ; il était parti pour Paris suivre des études d'histoire. Revenu avec la débâcle, il avait rencontré la passion sous les traits d'une jeune femme, mère d'un enfant, réfugiée dans la région. Le récit de la grand-mère ne dit mot de cette idylle qui mettait définitivement en péril la vocation religieuse de Favori et le faisait vivre dans le péché. Désormais, elle n'était plus la seule femme de sa vie.

La pensée secrète de la grand-mère – mieux vaut la mort que la souillure – transparaît dans la phrase qu'elle fit graver sur sa tombe : « Il m'a éprouvé comme l'or qui passe par le feu », et dans les textes choisis pour figurer dans son mémento, cette image pieuse qui avait cours autrefois pour garder le souvenir des morts : « Ils verront la fin du sage et ils ne comprendront pas le dessein de Dieu sur Lui et pourquoi le Seigneur l'aura mis en sûreté » et « Vous avez éprouvé mon cœur et vous m'avez visité dans la nuit ; vous m'avez fait passer par le feu et l'iniquité ne s'est pas trouvée en moi ». La mort lui rendait son fils, purifié et tout à elle. Déniant la réalité, elle se l'approprie et fait figurer dans ce même mémento comme s'adressant à elle – la mère – les paroles que Favori mourant destine à son amante, debout à son chevet : « Merci du bonheur que vous m'avez donné. »

La devise familiale figurant au sommet de l'arbre généalogique en forme de vitrail qui éclaire l'escalier de pierre et le hall, *Caelum non solum*, « le ciel et non la terre », se trouve tragiquement concrétisée par la mort de Favori. La vraie vie n'est pas ici ; elle est ailleurs, dans l'au-delà. Sacrifions les plaisirs terrestres à l'amour de Dieu et au bonheur du ciel.

Une mort pareille suscite bien des commentaires, même si l'enquête de police avait conclu à un accident. Le silence se fit. Le secret pesa. Plus tard, une des tantes me fit part de son soupçon : Favori, pris dans un conflit insurmontable, se serait suicidé.

Il était mon parrain et, le jour de sa mort, celui de mon septième anniversaire. On m'a remis de sa part une poupée au corps de chiffon achetée à mon intention, que j'ai gardée longtemps sans l'aimer, que j'ai jetée, des années après, malgré le sentiment d'un sacrilège. Comment se délivrer d'un mort encombrant, sanctifié, tellement idéalisé, agaçant comme un inatteignable point de butée ? Peut-être la mort seule procurait-elle ce surcroît d'existence, cette aura, cet amour sans limites ? Peut-être indiquait-il un chemin ?

Je garde du jeune homme le souvenir d'une silhouette dégingandée, une sorte de hâte dans le déplacement du corps, d'épaisses lunettes de myope, une pomme d'Adam très saillante sur un cou maigre et une odeur de cigarette.

Par ce drame, la Reine Mère, la sorcière de Blanche-Neige, la marâtre, la fée Carabosse, l'incarnation de toutes les nuisibles puissances des contes devenait plus encore : elle était la femme-prêtre, la représentante de Dieu sur terre qui, par ses malédictions (les paroles par lesquelles on souhaite du mal à quelqu'un en appelant sur lui la colère de Dieu), avait donné la mort à son fils. Émissaire de Dieu, elle avait préféré le sacrifice mortel à la vie. Aucune bonne fée, aucune intervention magique n'avait suspendu son pouvoir. Elle était, pour de vrai, toute-puissante, c'était un Dieu femelle.

Ces images suscitaient toujours la peur quand, plus tard, elle nous conviait l'une après l'autre dans sa chambre lors de la visite estivale annuelle. Assise, crispée sur un prie-Dieu recouvert de velours vert fané, j'aperçois la pièce assombrie, protégée du soleil de l'été par de lourds rideaux, le grand lit de bois foncé et torsadé, les fauteuils grenat, les murs tapissés de photos jaunies et de reproductions de tableaux religieux, la table encombrée de lettres, journaux, livres, papiers divers, tout comme la commode et la cheminée. L'atmosphère confinée, la pénombre, les portières, la théière et le reste du thé dans la tasse, la boîte de biscuits, le grand chapelet sur le mur, l'icône devant laquelle sèche le buis bénit, l'odeur mêlée des roses et des dahlias, du papier d'Arménie et des bougies et celle, entêtante, de son chat, Kara, contribuent à créer une atmosphère étrange.

Grenier ? Caravansérail ? Antre d'une tireuse de cartes ? Le désordre, la diversité des objets, la chaleur me plongent dans un univers inconnu et mystérieux : elle a recréé là un peu de son monde oriental, elle qui aime rappeler sa naissance à Constantinople. L'angoisse naît de son regard curieux, des questions qu'elle pose, des pensées qu'on devine, des anathèmes qu'elle prononce, du pouvoir supposé qu'elle a de lire en vous, de vous punir, de vous interdire votre avenir.

Je ne m'attendais pas à les retrouver – Favori et sa mère – tant d'années après, au détour du divan. Il arrive à la grand-mère, malignement, de prendre la place de la psychanalyste qui m'écoute, de rendre sa présence hostile, menaçante, de réactiver une peur insensée. Je croyais m'être cachée, mise à l'abri, je pensais qu'elle m'avait oubliée et voilà que j'engage contre elle un combat que je ne suis pas sûre de remporter. Elle revient, debout, majestueuse, en haut de l'escalier de pierre, éclairée par le vitrail où se détache l'ordre divin, d'une main elle ramène son châle noir sur ses épaules, elle me regarde impérieuse et toute-puissante ; elle interdit la parole, le rire, le désir. Elle rappelle le courroux de Dieu quand se franchissent les interdits. Elle prescrit l'obéissance, elle détient le pouvoir de la vie et de la mort. D'ailleurs, la mort est toujours là qui rôde : la femme et l'enfant de l'Ogre, la jumelle de ma mère, Favori.

Depuis le dernier rêve que j'ai fait d'elle, elle m'a laissée en paix : elle était dans le couloir du premier étage, devant la chambre de Favori. Je m'avançais vers elle et posais ma main sur son épaule dans un geste que je n'aurais jamais osé autrefois, dont l'idée ne me serait pas venue. J'étais surprise par la douceur ronde de cette chair dans laquelle mes doigts s'enfonçaient. Son chignon était tout blanc, ses yeux plus foncés que dans mon souvenir. Sa présence était d'une incroyable intensité et en même temps neutre au sens où je ne ressentais rien d'autre qu'une évidence : elle est là, je la touche, je n'ai plus peur.

De Favori, je n'ai pu oublier le destin singulier ; j'en ai fait mon allié. Il m'envoie des messages, semble-t-il. Un rêve me demande de le laisser vivre sa vie de mort : c'est l'été, je suis étendue avec une bande de jeunes promeneurs de mon âge, le long d'une meule de paille. Je ferme les paupières ; je sens quelqu'un devant moi qui me cache la chaleur du soleil. J'ouvre les yeux et je vois Favori, l'air heureux, un sourire aux lèvres « Ah ! c'est toi ? Tu as pardonné à ta mère ? » Il répond : « C'est une très vieille histoire… elle m'a téléphoné », et en arrière-fond, comme dans une B.D., je vois la grand-mère à genoux sur un prie-Dieu qui priait-téléphonait. « Ouf ! disais-je, c'est une vieille histoire ! » Je demandais à Favori de venir avec nous se promener. Il était bien équipé de bonnes chaussures montantes et nous partions tous ensemble escalader les montagnes. Pourquoi ne serait-il pas un compagnon de vie au lieu de m'entraîner avec lui dans la mort ?

Un autre rêve : je suis dans une église pour une cérémonie religieuse ; il y a beaucoup de monde. Debout, je sens quelqu'un qui entoure mes jambes avec ses bras ; c'est une sensation très vive. Une minuscule petite fille brune est à mes pieds ; elle me dit : « Pourquoi m'as-tu abandonnée ? Pourquoi tu ne me réponds pas ? » Ces reproches sont formulés comme s'ils venaient d'une grande personne ; ils ne sont pas violents, mais bouleversants. Je prends la petite fille dans mes bras, la serre fort contre moi : « Je ne te quitterai plus jamais, je ne peux pas t'expliquer pourquoi je ne t'ai pas prise plus tôt ; c'est bien trop compliqué pour que tu puisses comprendre mais désormais nous ne nous quitterons plus. » La petite fille se blottit dans mes bras. Autour de moi on me demande qui c'est et je réponds : « C'est moi, c'est la poupée que mon parrain m'a donnée. »

Aujourd'hui, le château appartient à un cousin, le fils aîné de l'Ogre ; lorsque j'y reviens, c'est sans peur, avec seulement le poids du souvenir. De nombreuses transformations ont été effectuées et la chambre de Favori est devenue une salle de bains.

Maintenant, pour ceux qui veulent savoir, le secret est levé et je pense à cette phrase de l'Évangile : « Il n'y a rien de caché qui ne vienne, un jour, à la lumière. » Un été, Seconde et moi provoquons une rencontre avec une femme âgée, contemporaine et amie de Favori, qu'elle a connu lorsqu'ils étaient tous deux étudiants à Paris et qu'ils effectuaient ensemble les trajets vers la capitale.

En cet après-midi d'été, sur une petite place, sous les ombrages d'une terrasse de café, cette femme raconte comment elle avait accosté un jour sur le quai de la gare le jeune homme maigre qu'elle avait vaguement connu enfant. Elle évoque leurs conversations théologiques – elle est protestante, il est catholique –, ses doutes sur sa vocation, sa vie austère à Paris... Comme lui, elle est revenue avec la débâcle. Elle a appris ses amours, car on en jase en ville ; on l'a vu se promener le long de la rivière avec une belle jeune femme coiffée d'un chapeau masculin... La veille de sa mort, Favori vient lui rendre visite et lui confier son tourment ; il lui dit que la jeune femme va partir pour Paris demander le divorce, qu'il est en train d'agir en opposition avec ses convictions religieuses, qu'il ne sait plus où il en est, qu'il reviendra le lendemain lui en dire plus... Le lendemain, elle apprend ce qui s'est passé dans la nuit. Elle va le voir à la clinique où il a été transporté ; elle l'aperçoit par la porte de sa chambre, ils échangent un regard, il lui fait un signe de son bras bandé... Par la suite, au cours d'un dîner, elle entend le médecin qui soigna Favori raconter son histoire ; il précise que la jeune femme était enceinte et que Favori s'était mis, volontairement, le feu au sexe. Seconde et moi sommes pétrifiées d'horreur.

Après, en remontant les pistes, en mettant en commun avec des cousines les bribes de confidences de nos mères respectives décédées, on trouvera les traces de cet enfant, un garçon, mort accidentellement, à l'âge de douze ans.

Ainsi finit l'histoire de Favori.

La maison des bois

Les contes ressemblaient à la réalité ; c'est pourquoi je les aimais, c'était des retrouvailles. Le château de rêve, la puissante reine aux mots cruels, l'ogre qui n'aime pas les enfants, le triste Favori, Berthe la folle, le petit bossu, la mère prisonnière avec ses enfants, les domestiques au grand cœur qui réconfortent en cachette, le châtiment du ciel qui s'exerce sur les désobéissants... L'imaginaire et la réalité s'alimentaient l'un l'autre au gré des personnages et des situations.

J'aimais aussi les chansons :

« Il était trois petits enfants
qui s'en allaient glaner au champs... »

C'était nous, mes sœurs et moi ; saint Nicolas reconstitue, dans le saloir, le corps des enfants réduits en morceaux ; un jour, quelqu'un viendrait nous délivrer.

Le sauveur, c'est le père. Il arrive dans la minuscule gare située à un kilomètre du château, au bout du bosquet, par une très belle journée du début de l'été. Prisonnier des Allemands, il a été libéré parce qu'il a cinq enfants.

Je ne le connais plus, je ne m'en souviens plus et je découvre émerveillée la toute-puissance de ce père de l'enfance pour qui je garde tant de tendresse. C'est à tort qu'on le dit malade, il est fort, irrésistible, il nous enlève et nous installe dans une autre maison à quelques kilomètres seulement, mais loin, très loin. Elle appartient aux grands-parents paternels qui n'y viennent que l'été. La maison est longue, basse, cachée dans un cercle de verdure, accolée à une ferme avec ses vaches, ses poules, ses cochons, ses lapins et le chien noir qui aboie au premier venu.

La mère est toujours nerveuse, fatiguée, irritable, maniaque d'ordre, de sagesse et de propreté. Nanou nous a suivis. Mais les garçons, encore petits, les occupent beaucoup. Nous, les filles, nous allons à l'école du village, à deux kilomètres. Allers et retours avec les galoches qui font rouler les pierres du raidillon qu'on descend en courant. On revient, ça monte, et la miche de pain qu'on rapporte est lourde : elle glisse sous le bras trop court pour l'enserrer. On se la passe à tour de rôle. On dort dans la même chambre à deux grands lits, sans chauffage ; l'hiver, on s'entasse dans le même lit mêlant nos jambes glacées, gémissant sous les coups de coude, riant aux chatouilles. Le soir, la mère a mis nos papillotes pour les belles anglaises du matin. Elle n'y est pas allée de main morte et nos cheveux tirés nous font des yeux de Chinoises. Impossible de poser la tête sur l'oreiller, il faut dormir le nez dans les coussins.

Le monde est ouvert, libre, les institutrices se succèdent, gentilles ou loufoques ; c'est plaisant d'être mélangés dans la classe unique, moi la petite qui apprends encore à écrire avec les grands du certificat. Une vie se fait là-bas et sur le trajet on se fait des niches. À l'école, on parle sans trop rien y comprendre de la guerre, du marché noir, du maréchal nous voilà... La mère, une fois par semaine, va à la ville dans le car bondé ; on la retrouve et on l'aide le soir à remonter la charrette jusqu'à la maison.

Le père voyage durant la semaine et il revient le week-end, quelquefois un peu plus. Il n'est pas sévère du tout. Il apaise la mère. On ne le dérange jamais, lui, il nous emmène dans les bois, nous raconte des histoires. Quand il déclame le songe d'Athalie, roulant des yeux, forçant la voix, j'ai un peu peur mais je fonds de tendresse en entendant Musset et son pélican lassé d'un long voyage. C'est lui, sûr, ce père pélican.

On peut lui faire des câlins, grimper sur ses genoux. Il m'appelle encore son « petit loup ». Quand on s'est blessé, il désinfecte la plaie en la savonnant largement. Ca n'est jamais assez bien nettoyé ; on crie, on se débat, mais sa rude patience est rassurante. Quand il fait si froid, il met des braises dans la bassinoire au long manche et la passe longuement dans les draps. Quel délice de s'allonger dans un lit qui sent le chaud.

Lorsqu'une grosse araignée velue grimpe le long du mur ou tombe du plafond avec un bruit mou, on l'appelle au secours. Il faut le supplier pour qu'il accepte de la tuer si c'est le soir car, dit-il, « araignée du soir, espoir ».

Parfois, il emmène l'une ou l'autre d'entre nous acheter des légumes dans un ferme au loin ; il attache la carriole à son vélo, je m'y installe, il m'emporte. C'est un carrosse avec un cheval blanc et un preux chevalier ; ensemble nous franchirons monts et vallées ; la terre nous appartient.

Quand il suffit de traverser les bois, c'est à pied que nous allons tous les deux, avec Fanfare qui hume la trace du gibier. Au retour, chargé, il ne retrouve pas le chemin. « Nous sommes perdus », dit-il ; d'abord, je ne le crois pas, mais il a l'air vraiment préoccupé devant le carrefour des sentiers ; il me dit de rester là pendant qu'il s'avance à droite, puis à gauche, me demande mon avis, lève les yeux au ciel pour chercher le soleil qui déjà baisse à l'horizon. « De quel côté tu irais, toi ? » « Où est la maison ? » Je n'en sais vraiment rien et je commence à avoir peur avec les loups qu'on dit avoir revus dans le pays, la chaleur et le jour qui baissent et les mille bruits de la forêt qui deviennent suspects. Il attend toujours que l'angoisse monte vraiment pour s'écrier : « Ah ! je me reconnais ! » et, quand on aperçoit les toits pentus, il taquine : « Tu as eu peur, hein ? » Mon « non » ne le convainc pas ; comment avouer que j'ai honte d'avoir eu peur et, surtout, de m'être fait avoir une fois de plus. Pourtant, la prochaine fois, on se disputera encore pour savoir laquelle va l'accompagner.

Quand la Grande et Seconde iront en pension, je me retrouve seule le soir dans la bibliothèque. J'aime cet instant où nous nous retrouvons côte à côte à la même table, sous la même lampe ; il écrit ses « rapports » et je fais mes devoirs. La mère près de nous tricote. C'est calme. Il me fait réciter mes leçons, supervise les devoirs. Il me caresse les cheveux, me tortille le nez ou me tire l'oreille – c'est agaçant cette façon qu'il a de faire mal pour montrer sa tendresse –, il dit : « Tu es une vraie petite fille modèle ! » J'ai le cœur en fête.

Trois années au rythme des saisons : les hivers rigoureux, les brûlantes journées d'été, les marches à pied, la recherche des cèpes, les figues mûres sur les arbres, les variétés de cerises, les pommes acidulées et trop vertes, les chasselas dérobés. Un isolat, dans cette maison cachée par les arbres qui l'encerclent, sans voisins proches en dehors des fermiers, loin du village. Une distance qui permet la coexistence de deux univers, celui de l'école, celui de la maison et de son « tour du rond ». L'espace alentour, les buissons, le détour des allées, l'absence de frontière avec les bois et « les terres » ouvrent un espace libre qui limite la sourcilleuse autorité maternelle. Que sait-elle des jeux de ses filles, de leurs cabanes, de leurs déguisements, de leurs concours de pipi « comme les garçons », de leur aptitude à grimper aux arbres ? La mère m'inspire une peur identique à celle de la grand-mère et dont toute autorité ultérieure sera entachée. Je m'abrite derrière mes sœurs pour que son regard ne m'atteigne pas. Elle sait si peu manifester sa tendresse, elle est si sévère et exigeante qu'on ne peut jamais la satisfaire. Sa manie de la propreté est bizarre : quand on doit changer de culotte le samedi – à l'époque, on ne change de linge qu'une fois par semaine – il faut les lui montrer pour prouver qu'on s'est bien « essuyées », qu'on est des petites filles propres… Si des traces brunâtres apparaissent, gare à la taloche, au tirage de cheveux. Pour s'en sortir le soir fatidique où il faudra soumettre à son regard le fond de nos culottes tenu entre nos doigts écartés, on les porte un jour à l'endroit, un jour à l'envers, parvenant ainsi à justifier le changement sans la gronderie.

Un jour, les sœurs ont fait preuve d'une audace incroyable : avec la complicité de Nanou, elles ont invité deux petites filles à venir jouer avec nous. L'après-midi choisi était celui où la mère était partie à la ville ; elle n'en a jamais rien su. C'étaient des camarades d'école, des « réfugiées » ; l'aînée s'appelait Mireille et la plus jeune Raymonde. Mes sœurs m'avaient laissé Raymonde sur les bras et s'étaient enfermées avec Mireille dans la chambre ; je les entendais rire et parler tout bas. Elles sont venues m'expliquer qu'elles jouaient à faire naître des bébés, qu'elles ne pouvaient pas le faire avec Raymonde « qui ne savait rien ». J'ai fait comme si j'avais compris. Mes sœurs étaient libres avec moi, étalant leur savoir dont je ne retenais rien : innocence ? Refus de comprendre ? Refuge dans un univers irréel ?

Il y avait à la ferme un des rares taureaux des alentours, aussi les paysans venaient-ils d'assez loin pour faire monter leurs vaches. Ils arrivaient à deux en général, un homme, une femme ; ils passaient par le chemin de derrière qui conduisait directement à la ferme mais le remue-ménage et les échos sonores du patois éveillaient notre attention. Cachées derrière un buisson

– c'était un spectacle interdit – nous regardions la vache attachée à un poteau. Puis le fermier allait chercher le taureau dans son étable. Il le tirait par une corde fixée à ses cornes et paraissait lui-même effrayé par la vigueur de la bête puissante. On forçait le taureau à grimper sur la vache ; il fallait parfois s'y reprendre à plusieurs fois et les coups pleuvaient sur ses reins. Lorsque le taureau était sur la vache, ce que nous appelions « le bâton rouge » entrait en elle qui restait passive, impavide, immobile, ce qui était très surprenant. Quand le taureau était revenu dans son étable, que les commentaires en patois et les gros rires avaient cessé, que tout le monde se retrouvait dans la ferme autour d'un verre de rouge, nous restions derrière les buissons, excitées et dans un état bizarre, moi en tout cas. Mes sœurs, plus averties, demandaient à Jeanne pour la mettre dans l'embarras : « Mais qu'est-ce qu'il vient faire le taureau avec les vaches ? » Celle-ci répondait en souriant : « C'est pour voir si elles sont fortes », ce qui faisait rire Grande et Seconde. Moi aussi, bêtement, car si je sentais la réponse fausse, la vraie m'échappait : je ne faisais que pressentir un mystère troublant. La vue de chiens accouplés ou la naissance des chiots de Fanfare ne m'avaient pas éclairée davantage. Ce qui était vraiment amusant, c'était d'en avoir gardé trois ; ils étaient nos bébés ; on les langeait, les habillait, leur mettait des couches et des bonnets et on sifflait leur nounou, Fanfare, pour les allaiter.

Quand, quelques mois plus tard, la Grande a eu ses règles, elle m'en a fait part, me révélant cette chose stupéfiante : les bébés ne naissaient pas par l'anus et les femmes avaient un autre orifice que celui destiné à l'urine. J'eus du mal à la croire et, dans les cabinets, une glace posée au sol, je cherchais à voir ce qui m'était caché.

Durant les derniers mois, en cet été 1944, la gravité de l'heure s'opposait à la légèreté des jours, à ces longues vacances anticipées grâce au départ impromptu de la maîtresse, partie sans crier gare un beau matin de juin. La guerre, jusque-là lointaine et abstraite, devenait réalité. Depuis longtemps on ne chantait plus « Maréchal, nous voilà », des mots nouveaux apparaissaient, la Résistance, les collabos, le maquis ; le père passait de nombreuses nuits dans les bois ; le bombardement de la poudrerie de la ville proche nous réveillait dans la nuit ; on racontait les horreurs commises par les Allemands : le massacre d'Oradour, l'incendie de Mouleydier et, plus proche encore, la fusillade de dix-huit hommes dans le village voisin du nôtre et les cadavres, retrouvés dans un champ de pommes de terre, deux jours après le passage de la colonne allemande.

Le père, la mère, la Grande et moi sommes allés à leurs obsèques, à pied, à travers bois, rejoignant sur la route qui menait à la si petite église la foule noire accourue des alentours. La voix du curé s'étranglait, le glas résonnait dans la chaleur de l'air, tout le monde pleurait, la splendeur de l'été apparaissait comme une insulte.

Jamais il n'avait fait aussi beau, jamais les journées n'avaient été aussi vides d'obligations, aussi emplies de liberté, jamais la nature n'avait été aussi généreuse. La beauté implacable de ce qui va mourir.

La clôture de la ville

La ville – Bordeaux – c'est d'abord, en cet automne 1944, une odeur un peu sûre d'égouts, sauf quand la pluie la dissipe à grands coups d'eau ; le long des trottoirs, dans les caniveaux où courent parfois de gros rats gris, flottent des bribes de nourriture. La ville, c'est un ciel réduit et encadré, une succession de maisons qui cloisonnent le regard, l'empêchent d'embrasser un espace : on est plongé en elle, sans prise sur elle.

Elle est grande, on ne peut en faire le tour à pied. Elle a mangé la campagne et n'en a gardé qu'un petit morceau, entouré de grilles, appelé « jardin public ». Les arbres y sont emprisonnés ou mutilés, les fleurs rangées dans des massifs, l'herbe toujours rase et verte, les allées trop larges. Tout est fait pour être vu, pas pour qu'on en profite. Que signifient des arbres auxquels il est interdit de grimper, des fleurs qu'on ne peut cueillir, une herbe qui ne devient jamais folle et dans laquelle on ne peut se rouler. C'est un ersatz ou une insulte.

La ville opère une séparation dedans-dehors jusqu'alors inconnue. D'habitude, à peine habillés, on allait et venait au gré de nos envies, du soleil, de la pluie, du vent et du froid ; aujourd'hui, on découvre une sorte d'enfermement, d'absence de gratuité ; on ne sort pas sans raison ni but.

La ville est belle, paraît-il… mon regard n'était pas éduqué à cette sorte de beauté.

On avait quitté la campagne, l'abri rassurant des arbres ; on allait vivre désormais dans la maison que les parents du père habitaient dans la ville ; elle était grande et menaçait d'être réquisitionnée. C'était provisoire, disait-on. Ça a duré dix ans.

La maison était située dans le quartier des Chartrons, dans une des rues étroites proches de l'église Saint-Louis qui marquaient la fin des maisons bourgeoises. Vaste, deux étages, treize ou quatorze pièces, dont celles du bas réservées aux activités professionnelles du grand-père, avocat, elle s'étendait sur l'arrière autour d'une sorte de véranda et d'une courette avec un figuier. Elle aurait pu être agréable si les grands-parents avaient accepté de l'entretenir, de remettre en état le chauffage central ou de refaire les sanitaires comme l'avaient proposé mes parents. Mais, pour le grand-père, « faire des frais » alors qu'il n'était que locataire était impensable.

Les pièces de réception, malgré les papiers défraîchis et les meubles au tissu usé, conservaient une certaine allure, les autres étaient vétustes. Selon la tradition bourgeoise, seul importait ce qui était soumis au regard d'autrui.

La cohabitation entre parents et grands-parents ne se passait pas sans heurts entre les femmes ; l'atmosphère était parfois pesante, voire irrespirable, surtout à certains repas où la mère faisait la tête ; le père et le grand-père appliquaient la tactique masculine habituelle : faire comme si de rien n'était. La salle à manger tapissée prune foncé paraissait plus sombre qu'à l'ordinaire et les repas d'après guerre encore moins digestes. Pourquoi n'avions-nous pas une maison à nous avec un père et une mère libres de leurs faits et gestes ? Pourquoi se retrouvaient-ils sous la coupe de la génération précédente, asservis, infantilisés et mécontents de l'être ? Le dimanche, les grands-parents dînaient chez une de leurs filles et ces soirs-là, plus légers, joyeux, avaient un goût de vacances, mêlé à celui de la traditionnelle crème au chocolat.

L'instabilité d'humeur de la mère s'était encore accrue ; revenant de classe, à l'angle de la rue, on se demandait quelle tête elle aurait. La plupart du temps, elle était triste, le visage fermé, les lèvres rentrées, le teint gris, la permanente défraîchie, mal habillée. Sans charme, sans beauté ni lumière. Comment ne pas la haïr dans ses crises de violence ? Comment rester insensible à son malheur et à ses manques ? Quand, rarement, pour une grande occasion, elle se faisait belle, le soleil brillait dans la maison. Elle aurait toujours dû être ainsi, fardée, rajeunie, bien coiffée, l'éclat du bonheur dans les yeux, séduisante, séductrice avec son tailleur de piqué blanc à grosses fleurs noires ; la jupe droite et la veste rigoureuse tenaient son corps, le gainaient. Ces moments rares où elle était parée, gaie ne compensaient pas le laisser-aller habituel, le cafard gris du quotidien.

Elle vivait tournée vers le futur et la promesse d'un « chez-elle ». Elle se remémorait le passé comme s'il allait brusquement se nouer à l'avenir et effacer un présent insupportable. « Avant la guerre » était sa période heureuse, mythique ; elle décrivait les pièces de son ancien appartement parisien, ses meubles, recréait imaginairement un passé peut-être embelli. Il y avait, loin, là-bas, à Paris un garde-meuble où gisaient ses trésors cachés. Un jour, ils lui seraient rendus, tout reprendrait son cours. Les promesses du père – déménagement dans un appartement de la ville ou mutation parisienne – étaient sans cesse déçues et le provisoire durait. Lui semblait s'en accommoder : son travail l'obligeait aux voyages ; il aimait les trains, peut-être parce qu'il y était inaccessible, qu'il pouvait se laisser aller à ses rêveries ; il partait, plongeait dans ses rapports d'assurances – des « sinistres » – ou dans d'épais livres à la couverture bleu fané, des Mémoires, dont il était friand et dont il parlait à son retour, à table, avec le grand-père. Ce n'était plus le Chevalier tout-puissant, sa force et son pouvoir avaient disparu.

Notre monde avait changé, nous grandissions, nos relations se transformaient et se tendaient, le père tendre de l'enfance laissait la place à un autre, peu soucieux de notre liberté.

Aux yeux mêmes de sa famille, le père passait pour un original ; il se flattait de n'être pas de son temps, gardait la nostalgie d'un passé forcément mieux que le présent. Il avait appartenu à l'Action française, qu'il avait quittée par obéissance au pape, mais restait royaliste même si le comte de Paris lui paraissait gangrené par des idées républicaines. L'avenir était pire ; le monde ne cessait de se dégrader. Il ne fallait pas compter sur lui pour envisager le futur avec confiance, avoir des projets peut-être irréalisables, imaginer faire de sa vie quelque chose d'inédit. Il aurait aimé faire l'école des Chartes mais en avait été dissuadé par son père qui l'avait orienté vers le droit pour gagner plus vite sa vie car il était l'aîné des sept enfants. Parallèlement, il avait fait une licence de philosophie ; il disait avoir aimé les romans, adoré la poésie, mais cette facette de sa personnalité semblait avoir disparu.

Peut-être pour compenser une vie professionnelle qui, après la guerre, le décevait beaucoup, mais aussi sûrement par goût, il aimait s'enfouir dans les papiers de famille, recréant le village tel qu'il était autrefois, ressuscitant les diverses alliances, relisant les anciens registres des oncles curés. À dix ou onze ans, j'aimais faire des recherches avec lui dans la bibliothèque de la ville et j'avais dressé, sous son contrôle, la généalogie de la famille qu'il faisait remonter jusqu'à Saint Louis, « mais par les femmes », ajoutait-il à regret.

Il avait la passion des siècles passés et mêlait les histoires à l'Histoire, privilégiant deux époques, le Moyen Âge et la Révolution. Ses récits emplis d'horreur – l'emprisonnement de Marie-Antoinette au Temple, la vie tragique de Louis XVII, la guerre des chouans – prenaient la suite des contes et de la mythologie. Avec la mort de Louis XVI, parricide impardonnable dont il célébrait chaque année la mémoire en assistant à la messe le 21 janvier, la France avait cessé d'être un pays honorable. Il était donc royaliste, mais légitimiste, et je n'ignorais rien des subtilités opposant les Bourbons aux Orléans. Il n'aimait pas qu'un de ses grands-oncles maternels eût autrefois voté la mort du roi.

Il lui semblait que son père, l'avocat, qu'il se gardait de critiquer, se commettait avec le siècle et avait un peu renié les valeurs ancestrales. Il regrettait qu'il ne lui accorde pas le statut privilégié auquel il pensait avoir droit en tant que fils aîné. Malgré son désir, son père ne le désignait pas comme son dauphin et l'idée de ne pas hériter à sa mort de la vieille maison familiale le torturait. Il attendait des paroles de reconnaissance qui ne venaient jamais. Durant les grandes vacances qui réunissaient la famille, après la guerre, dans la maison des bois, je percevais sa jalousie et son humiliation quand le grand-père, à table, accordait admiration ou intérêt à ceux de ses gendres qui avaient « réussi » ou à deux de ses frères, héros de la Résistance. Cruauté des relations familiales... Comme ailleurs, on n'accorde guère d'attention à celui qui n'est plus à séduire, qu'on est certain de toujours trouver à ses côtés. À la mort de son père, il put racheter la vieille maison à ses frères et sœurs et connaître une certaine paix, comme s'il s'était réconcilié avec lui-même.

Il demandait à ses enfants foi et obéissance. En homme d'Ancien Régime, il les considérait comme un investissement pour le développement de la famille, sa propriété. Ce qui allait de soi dans l'enfance et pouvait même susciter un sentiment de sécurité devenait difficile à vivre à l'adolescence, car l'individu n'existait pas. Il pariait sur ses filles, qu'il rêvait mondaines, pour faire de brillants mariages ; il espérait que la beauté qu'il leur prêtait remplacerait la dot qui leur manquait. Le mariage de ses enfants, filles comme garçons, était pour lui, comme pour les générations précédentes, la grande affaire, qui devait participer à l'ascension sociale de la famille. Il n'a jamais accepté ses espoirs déçus et en a toujours voulu à ceux qui n'ont pas suivi sa route. S'opposer à lui signifiait qu'on ne l'aimait pas, qu'on lui portait sciemment des coups ; les blessures devenaient ineffaçables, la tendresse irrécupérable. Le chantage affectif était constant. Cet enjeu – notre vie contre la sienne – était toujours présent et dramatisait les actes les plus bénins comme la lecture du *Monde* (« le journal russe à Paris ») ou de la revue *Esprit* (« j'abomine les démocrates-chrétiens »), le refus d'assister à une soirée, la fréquentation d'amis d'origine plus modeste, et plus tard évidemment les amours.

Cela nous conduisit Seconde et moi, durant des années, à dissimuler des livres sous notre matelas, à mentir sur nos amitiés et à sauver les apparences tout en gardant nos secrets.

C'était un père sûr de sa vérité qui voulait régner dans la tête de ses enfants. Son amour signifiait possession, enfermement, clôture ; ne pas perpétuer ses choix était le trahir et devenir son ennemi. Il semblait, ce faisant, obéir à une loi qui le dépassait lui-même et lui interdisait d'aimer ceux qui ne pensaient pas comme lui. Ils étaient rayés de sa vie, et même si certaines apparences survivaient, le lien affectif était rompu.

Sa foi en Dieu était ombrageuse et tourmentée : de quel obscur, ineffaçable péché devait-il se repentir ? Quelle croix avait-il à porter ? Ses oraisons, le soir, étaient si longues que la tentative, dans l'enfance, de prier en famille avait été vite abandonnée. Il commençait la prière à haute voix, s'interrompait, gardait le silence, reprenait depuis le début, ainsi de suite ; le fou rire gagnait, un peu nerveux quand même, car sa voix n'était plus sienne mais rauque, entremêlée de soupirs et de gémissements. Il lui fallait être tout entier dans chaque mot prononcé ; la plus petite distraction était péché. Il devait être tout en Dieu. Il lui arrivait de se confesser juste avant l'office du dimanche mais de ne pas communier, car il s'était senti « indigne de s'approcher de la sainte table ». Après la messe, il restait plongé dans ses prières jusqu'à ce que la mère, impatiente, envoie l'un ou l'autre le tirer par la manche pour le ramener à la réalité, mais il risquait alors de recommencer ses oraisons depuis le début pour que Dieu lui pardonne cette interruption.

Son Dieu n'était pas bon ; c'était le Dieu des jansénistes, le Dieu vengeur. Il avait songé à la prêtrise mais les hommes d'Église avec lesquels il avait examiné ce désir l'en avaient dissuadé. Il adressait ses demandes à la Vierge, aux saintes ; lorsqu'elles étaient exaucées, en remerciement, il partait, à pied, en pèlerinage ; il prit ainsi trois fois la route, pour Chartres parce que la Grande avait été guérie d'une grave rougeole ; pour Lisieux parce que, enfin ! un fils lui était né ; pour Lourdes parce que ses frères étaient revenus sains et saufs de la guerre. Il a appartenu à la Conférence de Saint-Vincent-de-Paul jusqu'à la fin de sa vie et se montrait capable d'une grande générosité comme d'enlever son pardessus et de le donner à un clochard un soir d'hiver.

Sûr des valeurs qu'il représentait, soucieux de son appartenance à un certain milieu social, sourcilleux des usages de la vie courante qui en découlaient, fortement soutenu par la mère, il transmettait à ses enfants l'idée qu'ils étaient différents, qu'ils appartenaient du fait de leur naissance à une caste qui leur interdisait de se mêler à ceux qui n'en faisaient pas partie. Certains signes révélaient cette différence : vouvoyer ses parents, dire « popo » et « gros » au lieu de « pipi » et « caca », baiser la main des dames (pour les garçons), faire la révérence (pour les filles), porter des gants dans la rue, ne pas avoir l'accent du Sud-Ouest, ne pas porter de sabots ni manger à l'école avec sa gamelle, ne pas parler patois, ce qui était bon pour les petits paysans.

Notre nom participait au décalage social : un nom à particule, quoique le père reconnût ne point faire partie de la noblesse, mais qui faisait illusion d'autant que celle-ci existait du côté maternel. Un nom qui isolait d'emblée, ne laissait pas les autres indifférents et suscitait inéluctablement des réactions. Un nom qui était celui d'un saint, d'un évangéliste, un de ceux qui avaient raconté l'histoire de Jésus, ce qui nous rattachait au petit groupe des premiers disciples. Ce n'était sûrement pas sans raison qu'on occupait le premier rang à l'église du village, que le père s'annonçait au téléphone : « Ici, saint Marc » (ce que je trouvais troublant) et qu'on souhaitait, le 25 avril, la fête du grand-père, le patriarche.

En haut d'un meuble baroque en bois foncé qui était dans son bureau d'avocat, il y avait une sorte de niche qui abritait la statuette d'un homme au teint d'ivoire, aux rares cheveux noirs, vêtu d'une robe bleue. On disait que c'était l'ancêtre évangéliste ; je n'osais demander si c'était vrai mais une part de moi y croyait. Après tout, il y avait bien Saint Louis ! À l'époque (et longtemps !) je distinguerai difficilement la réalité de l'imaginaire, absorbant tout avec le même sérieux.

Je porterai longtemps le poids de cette sainteté inaugurale, adhérant à son implicite exigence. Un nom comme un destin. La confusion entre la réalité, les contes, les faits historiques, ce que je glanais des propos des grandes personnes me nourrissait et elle s'est poursuivie durablement. Un nom qui rend intouchable par la distance qu'il crée avec l'autre du fait de l'appartenance sociale qu'il révèle. Un nom pesant, appel évident à la perfection, à la négation du sexuel, du corporel ; est-il possible à un saint d'être dégueulasse ou merdeux ? Il trouvait son écho dans la devise de la famille maternelle « le ciel et non la terre ». Existe-t-il un autre destin que le ciel, la sainteté, le martyre sous peine d'imposture ?

Avant la modification récente de la loi, le père ne donnait pas son nom à ses filles, il le prêtait jusqu'à ce qu'un autre homme les revête du sien. On porte toujours le nom d'un homme comme si eux seuls comptaient. On passe du nom de l'un au nom de l'autre sans en avoir un à soi. Le nom du père me collait à la peau et il ne m'a pas été facile de le quitter, d'en abandonner l'apparence, puis de me délivrer de sa signification. Curieusement, celui qui m'a été prêté par mariage est quasiment son contraire. Il suppose et autorise toutes les saletés de la vie et ouvre, par son inverse, tous les possibles. « Vous êtes sale », me dira un analysant tandis que d'autres, jouant pareillement sur les mots, y percevront la permission d'exprimer le crasseux, le sordide, le vilain, le sexuel… Beau nom pour un psychanalyste.

Suffirait-il de laisser son nom dans un coin pour en être délivrée ? Ne plus être épinglée par le premier, ne faire qu'emprunter le second, c'est se situer dans un écart et peut-être se sentir sans nom.

Seul mon père aurait pu dire comment coexistait en lui ce rêve de noblesse, d'ascension sociale et mondaine et son aspiration religieuse, son fantasme de sainteté. J'ai rapidement rejeté son rêve, en revanche, j'ai été longtemps prisonnière de sa sainte utopie qui a conditionné, à mon insu, mon comportement et ma façon de penser jusqu'à ce que je puisse donner place à ma propre pensée et élaborer une réflexion personnelle.

Du fait de la cohabitation, nos grands-parents étaient devenus des personnages familiers. Malgré son âge, la grand-mère, grande et mince, la peau mate, des yeux verts, bleus ou gris suivant le temps, une chevelure poivre et sel abondante et ondulée retenue en chignon, restait belle. La vie l'intéressait ; elle s'était réjouie du vote des femmes en 1946 et s'était accordé le droit de ne pas voter comme son mari. Elle faisait partie d'un mouvement d'action catholique qui lui donnait des idées « avancées ». Mais même si sa charité était parfois exaspérante (sa discrimination entre les gens « intéressants » ou « méritants » et les autres par exemple), elle n'exhibait pas sa foi religieuse. Il arrivait que, le soir, nous, les filles, restions passer la veillée avec elle au salon. Elle évoquait sa vie de jeune fille, de jeune femme, la guerre de 14, ses enfants (elle en avait eu sept), les plaisirs et les craintes qu'ils lui avaient donnés. Elle parlait même de sexualité, racontant qu'elle s'était mariée « sans rien savoir » et qu'une de ses amies avait passé sa nuit de noces grimpée en haut d'une armoire car elle croyait son mari devenu fou. Nous étions horrifiées. Avec elle, l'échange était possible, mais trop d'intimité eût été trahir la mère.

Lorsque durant les étés d'après guerre, elle recevait ses enfants et petits-enfants dans la maison des bois – nous étions parfois plus de trente –, elle dirigeait tout de main de maître et si son autorité agaçait ses filles et belles-filles, elle laissait à ses petits-enfants une étonnante liberté, cherchait à satisfaire leurs demandes les plus incongrues et se réjouissait de leur plaisir. Elle avait un remède miracle, le baume des Pyrénées, et mon souvenir d'elle est inséparable de l'odeur à la fois forte et douceâtre de cette pâte couleur moutarde qu'elle étalait sur nos bosses. Elle s'inquiétait de nos malaises, de nos coups de fièvre, de nos imprudences… Grâce à elle, c'était les vacances les plus belles du monde dans ce lieu où je retrouvais la liberté. Nous étions sept cousins dans une tranche d'âge très proche et nous formions une bande inséparable. Des cousins, ce sont des sortes de frères mais pas tout à fait et c'est dans cet espace que se nichaient la différence des sexes, l'éveil de la sexualité, l'attirance pour l'un ou l'autre et la compétition physique : ce qu'ils peuvent faire, je le peux aussi.

Socialement, le grand-père occupait le devant de la scène parce qu'il était un avocat brillant et que c'était un homme. Il se disait laid et on ne pouvait lui donner tort : de petite taille, la jambe courte, on avait envie de prendre son corps et de l'étirer pour donner plus d'aisance à sa silhouette qui avait quelque chose de noué. La largeur de son front, agrandie par la calvitie, mettait en valeur l'intelligence aiguë de ses yeux très bleus qui attiraient – heureusement – le regard vers le haut de son visage car le bas était disgracieux : le nez, la bouche et le menton étaient rapprochés comme s'ils avaient manqué de place pour exister chacun pour leur propre compte. Ses mains larges aux doigts courts et aux ongles curieusement striés ne déparaient pas l'ensemble.

Il adorait son métier et plaida au-delà de ses quatre-vingts ans ; plus les dossiers étaient compliqués, plus il aimait exercer la clarté de son esprit. Il avait dans sa clientèle Jean Vauthier, auteur de théâtre qui commençait à être connu, dont il parlait comme d'un original : « Il vient d'écrire une pièce avec un seul personnage. *Capitaine Bada*. Ça marche, il a du succès à Paris. » Lorsque Jean Vauthier déposait sa bicyclette le long du mur de la maison et qu'il enlevait les curieux cercles de métal qui retenaient le bas de ses pantalons, je cherchais à distinguer les signes du génie.

Mon grand-père pratiquait avec son fils l'art de la conversation. À table, notamment, ils échangeaient sur leurs lectures, la plupart du temps historiques, et sur les évènements politiques passés et présents. C'est par mon grand-père que j'ai entendu évoquer la guerre de 14 et l'horreur de Verdun ; c'est par lui que j'ai appris les exécutions des déserteurs qui lui faisaient encore venir les larmes aux yeux.

L'été, quand le grand-père rejoignait la maison familiale après sa cure à Cauterets, il racontait chaque jour aux « grands » l'histoire (bien entendu héroïque) de la famille sous la Révolution. Les lointains grands-oncles – curés réfractaires – étaient au centre d'une intrigue dont les rebondissements ne cessaient pas. Il nous montrait les lieux de l'action : le souterrain « aujourd'hui bouché » qui prenait naissance dans la salle à manger et ressortait dans les bois derrière la maison, les chambres secrètes, etc. Il mêlait à son histoire les habitants du voisinage. On l'écoutait bouche bée. Un jour, brutalement, il annonça la fin de l'histoire… et qu'elle était fausse. Je reconnus l'effondrement intérieur ressenti lorsque j'avais appris la supercherie de Noël où nos cadeaux étaient soi-disant apportés par le Petit Jésus. Il perdait de son aura. Par la suite, il nous lisait *Jacquou le croquant*, malgré le « mauvais esprit » d'Eugène Le Roy. Sa voix s'enrouait aux passages les plus émouvants car il était d'une sensiblerie dont il se moquait lui-même, adorant les opérettes, les valses de Strauss. Comme ces héroïnes, les femmes devaient être belles, jeunes, éthérées, poétiques, romanesques… des créatures qu'on ne prenait pas au sérieux. L'organisation du monde, la chose publique, l'intelligence et la culture appartenaient aux hommes, doués, eux, de raison.

Il détestait dépenser de l'argent. La grand-mère était obligée de faire longtemps son siège pour obtenir les réparations indispensables. Il ne lui donnait de l'argent qu'au compte-gouttes, ne lui faisait jamais de cadeau. À son contact, elle avait appris à réduire ses dépenses au strict minimum ; pour elle aussi, tout était toujours trop cher ; elle était à l'affût de recettes culinaires économiques, « avantageuses », à peine mangeables car elle divisait systématiquement par deux les ingrédients tels que les œufs, le beurre ou le chocolat...

Le jour où le grand-père recevait sa feuille d'imposition, il faisait une tête d'enterrement, tapait du poing sur la table en disant « nous sommes des pauvres ». Il me faisait honte aussi lorsqu'à la messe, le dimanche, il recherchait dans son porte-monnaie râpé une modeste pièce pour la quête.

Sa peur de manquer, voire son avarice, prenait peut-être leur source dans les difficultés qu'il avait éprouvées pour faire redémarrer son cabinet d'avocat après la guerre de 14 ou pour survivre à la crise de 1929, mais elles devaient avoir des racines plus profondes. L'ouverture d'esprit et la tolérance dont il faisait preuve masquaient, me semblait-il à l'époque, une belle indifférence, un manque d'engagement et de passion, du scepticisme... Quitte à en souffrir durement, je préférais l'intolérance de mon père, ses prises de position passionnées et à contre-courant de l'opinion commune. Ça, c'était de l'héroïsme

Les règles du Sacré-Cœur

L'arrivée dans la ville – Bordeaux – se justifiait par la poursuite de nos études. « Grand-mère Thérèse », la mère de la grand-mère maternelle, avait fait don d'un million or au Sacré-Cœur au moment de la séparation de l'Église et de l'État à condition que ses descendantes y soient élevées sans bourse délier. Les parents avaient fait jouer cette clause ; en entrant au Sacré-Cœur, on restait dans la famille.

D'ailleurs, dès les premiers jours on était un peu égaré par un sentiment de reconnaissance. Cette odeur d'encaustique, c'était celle du château d'autrefois, ce bruit de pas dans les corridors, le même que celui que l'on guettait naguère ; les voix qui résonnaient dans des pièces un peu trop hautes évoquaient également le hall dont on retrouvait, dans la chapelle, l'odeur de pierre – âcre, moisie et renfermée – et les lumières bleues et rouges des vitraux. La confusion devenait troublante à cause des religieuses appelées « ma mère » qui apparaissaient comme une continuation de la grand-mère : même longue robe noire, même tissu un peu lourd faisant quand elles bougeaient un bruit de vague et si le long collier était ici remplacé par une croix, l'effet en était voisin. Deux singularités surprenaient : les petits tuyaux blancs en tissu amidonné qui encadraient le visage des religieuses leur donnant la forme d'un O et les vastes poches de leurs robes dans lesquelles s'enfouissaient des objets aussi divers que stylos, clés, mouchoir, carnet, trombones, canif, et surtout cette étonnante petite boîte marron en forme de tabatière dont le claquement sec, exigeant d'ailleurs une réelle habileté des doigts, ponctuait le rythme des journées : c'était le « claquoir ». Clac ! se lever ; clac ! se mettre en rang ; clac ! faire ensemble la révérence ; clac ! partir en rang ! Avec l'habitude, on savait sans la voir quelle religieuse maniait le claquoir et quelle était son humeur.

On comprenait vite qu'ici aussi la discipline régnait. D'abord celle du corps ; la tête le dominait et devait s'en rendre maître : même en retard, pas le droit de courir dans le corridor et de monter les marches de l'escalier quatre à quatre... La haute silhouette noire vous voit venir de loin, vous fait redescendre, revenir sur vos pas et reprendre la démarche imposée : calme, la tête posée droit sur le cou mais sans arrogance, les bras le long du corps. Nous avions droit à des leçons de maintien indiquant le comportement qu'une jeune fille de bonne famille doit adopter dans diverses circonstances : comment entrer dans une pièce, ouvrir et refermer doucement la porte, sans tourner le dos à la maîtresse de maison ; comment se tenir assise sans croiser les bras ni les jambes, se poser de biais le talon du pied droit au milieu du pied gauche, la pointe légèrement écartée, la main droite dans la main gauche, la tête légèrement inclinée mais le dos droit sans prendre appui au dossier du siège, le regard baissé se levant seulement sur la personne qui vous adresse la parole qu'on ne doit jamais prendre la première. On apprend aussi à faire la révérence ou plutôt les révérences car il y en a trois suivant les circonstances et la hiérarchie des religieuses : douze temps, six temps ou la simple inclinaison de tête.

Si bien dressé qu'il soit, le corps a des besoins impérieux, eux aussi étroitement domestiqués grâce à deux inventions : la sœur pipi et la planche. On se rend aux toilettes durant les récréations. Une sœur converse, c'est-à-dire une religieuse se consacrant uniquement aux travaux manuels, d'origine étrangère et reconnaissable à sa cornette plate, rustique, est assise dans le local carrelé où voisinent deux W.-C. et deux lavabos. Éternelle ravaudeuse du linge de la communauté, elle ne nous adresse jamais la parole ; elle surveille. Quoi ? Qu'on ne rentre pas à deux dans les W.-C. ? Qu'on n'y revienne pas trop souvent ? Qu'on n'y séjourne pas au-delà d'une certaine durée ? En tout cas qu'on ne s'y enferme pas à clé ce qui est rigoureusement interdit.

Faire « pipi » ou « caca », mots qui me paraîtront très longtemps obscènes, n'est plus un acte naturel, joyeusement libérateur, c'est se débarrasser – honteusement – de quelque chose de sale et d'encombrant. Tout bruit paraît choquant en ce lieu aseptisé où la sœur entend – guette ? – tout ce qui sort de notre corps. Il faut toute une technique si l'on veut préserver son intimité : s'asseoir à l'extrémité du siège, déverser doucement urine et excréments le long des parois en ouvrant peu à peu ses sphincters.

Le rite de la planche sévit, lui, durant la longue étude du soir. C'est une mince plaque de bois foncé et ciré, de forme ovale, grande comme la main ; à son sommet un trou laisse passer une petite chaîne de cuivre doré qui permet de la tenir mais surtout de la suspendre à l'extérieur des W.-C. puisqu'il est interdit de s'y enfermer. Cette planche est le symbole du droit de la mère sur nos corps. Au début de l'étude, c'est elle qui la détient là-haut sur l'estrade d'où elle domine et surveille la grande salle où s'alignent les pupitres séparés par une allée centrale. La salle d'étude rassemble toutes les élèves de la sixième à la terminale, les pupitres sont accolés trois par trois, une « grande » au milieu de deux « petites » ; les places sont fixes, soigneusement choisies en haut lieu pour éviter toute proximité amicale ; la grande est chargée de surveiller les petites. Au début de l'étude, il faut prendre dans le pupitre tout ce dont on aura besoin pour les devoirs et les leçons car il est ensuite interdit de l'ouvrir. Tant pis si on a oublié un document indispensable ! On peut oser, si la grande est gentille, glisser sa main dans le pupitre pour trouver à tâtons le livre ou le cahier manquant mais le risque est grand d'entendre le claquoir et la voix sèche : « Mademoiselle X, je vous vois ! » On peut aussi se mettre debout en levant le rabat du pupitre et en regardant humblement la mère. Elle connaît le code : de la tête, elle dit « oui » ou « non ». En ce cas, il faut attendre la fin de l'étude les bras croisés en pensant au travail non fait, aux ennuis qui vont suivre.

Au début de l'étude donc, la mère tient la planche dans ses mains. À qui va-t-elle la confier ? À elle de choisir et d'indiquer l'ordre dans lequel elle va circuler. On ne peut sortir et se rendre aux toilettes tant qu'elle ne vous est pas parvenue. Quel que soit votre besoin. Ça peut être long, car l'occasion est trop belle de se dégourdir les jambes et rares sont les élèves qui la laissent passer. Il vous arrive de sentir que votre vessie va éclater, il vous semble que le sang dégouline le long de vos cuisses, vous vous tortillez sur votre chaise... vous n'y tenez plus, alors vous vous levez timidement devant votre pupitre. La mère vous voit, vous fait signe d'approcher. « Ma mère, puis-je sortir ? » Quelques propos bien sentis sur votre légèreté : à quoi servent les récréations ? Sur votre manque de maîtrise : il faut apprendre à se retenir et vous allez avoir la chance d'obtenir la planche de salut dès le retour de votre camarade. Vous n'avez pas intérêt à vous faire ainsi remarquer trop souvent : tout est noté, comptabilisé, porté à votre crédit ou à votre débit. On comprend vite que la sagesse consiste à se perdre dans l'anonymat du groupe. Avoir cru changer de monde et retrouver le même ; du coup, savoir s'y couler sans bruit, se conformer à ce qu'on demande, se faire oublier, désespérer de l'être.

L'uniforme bleu marine nous fait toutes sœurs, petits pois interchangeables d'une grande gousse. En rang, les unes derrière les autres, par ordre de grandeur, « je ne veux voir qu'une seule tête », dit la mère. Je disparais derrière celle qui me précède, me perds dans cet anonymat, cette entité « Petit Pensionnat », puis « Grand Pensionnat », grain de poussière parmi d'autres grains de poussière, avec la conscience aiguë et rassurante de la similitude. Vous êtes toutes mes sœurs ; nous sommes toutes des petites filles sous le regard de nos mères qui veulent notre bien, et sous celui redoutable de Dieu.

« Nous sommes les épouses, les fiancées du Christ », « Nous avons choisi la meilleure part », « Il faut savoir répondre à l'appel du Seigneur, c'est ça la vocation », disent-elles. *Vocare* : appeler. Quand, comment le Seigneur se manifeste-t-il ? « L'appel du Seigneur est toujours compréhensible et on le reconnaît », disent-elles. Cette voix mystérieuse susceptible de nous interpeller un jour, combien sommes-nous à l'avoir redoutée ? À avoir prié Dieu de nous oublier, de nous épargner ?

À défaut d'assurer la reproduction du couvent, il convient de faire de nous des épouses et des mères chrétiennes, capables d'épauler leur mari, de l'aider dans ses obligations professionnelles et mondaines ; capables aussi d'assumer l'éducation morale et religieuse des enfants. C'est notre fonction et notre destin ; il ne nous appartient pas mais est soumis à la loi de Dieu. Nous préparer au baccalauréat est une concession faite au siècle et à certains parents gagnés par le modernisme, car cet ordre enseignant n'a guère évolué, comme en témoignent les souvenirs de grand-mère Thérèse qui fut pensionnaire au Sacré-Cœur de la rue de Varenne de 1856 à 1860.

La tête n'est pas plus libre que le corps ; l'intelligence, la curiosité, le questionnement, nullement valorisés et l'esprit critique devient vite mauvais esprit. L'acquisition de toute connaissance – profane ou religieuse – passe par l'affirmation et la répétition. Le cerveau est un grand sac qui emmagasine un savoir affirmé, délivré sous une forme codifiée à apprendre par cœur. On développe la mémoire, mais aucune compréhension un peu intime d'un objet d'étude. Tout est foi. On croit sur parole, en physique, par exemple, ou en sciences naturelles en l'absence de toute expérimentation. On passe des semaines sur les campagnes napoléoniennes avec tableaux muraux, flèches de couleur différente suivant les armées, noms des généraux, dates des batailles… L'important n'est pas le sens des faits, leur rapprochement, leur correspondance mais leur étroit déroulement. En français, la lecture – expurgée – du livre de littérature du chanoine Desgranges tient lieu de cours.

L'enseignement religieux est du même ordre, étayé sur une foi qui va de soi. Point d'accès direct à la Bible mais le récit d'une histoire sainte aussi merveilleuse qu'un conte qui se prolonge et s'achève par l'irruption du héros des évangiles, être asexué et doux, soumis à une mère omnipotente, dont on se demande vaguement comment il peut être à l'origine d'un si fabuleux pouvoir. On apprend le catéchisme, petit livre cartonné avec questions et réponses dont la couverture laisse perplexe car il y est écrit « catéchisme du diocèse de X », ce qui apparaît soudainement restrictif et suspect. Puisqu'il n'y a qu'une loi, qu'un catéchisme, qu'une vérité.

Une fois par an, il y a la retraite ; elle dure quelques jours durant lesquels on ne travaille pas ; chaque élève est isolée pour réfléchir et lire des vies de saints ; on se réunit pour réciter des prières à la chapelle et pour écouter le prédicateur qui n'est jamais le même. Une fois, c'était un homme robuste, carré, doté d'une profonde voix de basse, qui détaillait les douleurs de Jésus, du jardin des Oliviers à sa mort sur la croix, avec des détails sanglants qui nous faisaient sangloter avec délices. Je me souviens aussi des vies héroïques d'Anne de Guigné, de Louis de Gonzague, qui nous était donnés comme modèle. Le souvenir de Favori s'imposait.

Pour d'autres, je sais, ces mêmes souvenirs font partie d'un folklore évoqué avec légèreté et tendresse. Pourquoi n'en est-il pas ainsi pour moi, pourquoi est-ce que je garde envers ces femmes, qui ne faisaient que reproduire ce qu'elles avaient elles-mêmes vécu, une rancœur aussi tenace ? Peut-être que ce qui m'est détestable, c'est l'image qu'elles me renvoient d'une enfant sage, timide, apeurée et infiniment crédule. Comme si, sans le savoir, elles avaient abusé de mon goût pour le tragique, de mon intransigeance, de ma fascination pour le martyre, contribuant à cet enfermement dans une alternative inéluctable : l'obéissance ou la mort ; la sainteté ou la vengeance divine. Leur éducation renforçait les murailles, perpétuait l'interdit de penser.

Plus tard, dans l'univers du lycée qui m'était étranger, je découvrirai qu'il existe d'autres lectures du monde, qu'il est salutaire de se poser des questions, qu'il existe un plaisir d'apprendre et que l'écoute d'un professeur peut faire oublier le temps.

Une mort bouleversante
Une bienheureuse tuberculose

La mort est revenue. L'été 47 avait été très chaud et une épidémie de choléra s'était déclarée, touchant le village. J'avais douze ans. La mère avait accouché, en juin, d'un bébé garçon qui faisait notre joie et la sienne : trois filles, trois garçons, elle était comblée. Le petit, en cette fin d'été, a commencé à vomir. La mère a tout de suite manifesté une grande inquiétude et son visage était tiraillé d'angoisse dans le train qui nous ramenait à la ville. Le bébé dépérissait ; « c'est le seul de mes enfants qui a refusé mon lait », disait la mère qui y voyait un signe du destin et la confirmation de son pressentiment.

Bientôt, il n'y eut plus d'espoir. La maison retenait son souffle. Un soir, on nous a dit que l'enfant ne passerait pas la nuit, qu'il fallait l'embrasser pour la dernière fois. Ce mot connu, la mort, ne pouvait concerner un petit enfant. À la porte de la chambre, je ne pouvais me décider à entrer. « Tu le regretteras plus tard, disaient les sœurs, ne sois pas stupide. » Dans la pénombre, il était étendu dans son berceau, les yeux creux, le nez pincé, le souffle court. Un goutte-à-goutte partait de la lampe du plafond jusqu'à son ventre comme un absurde cordon ombilical, sauvegardant ce qui lui restait de vie, concrétisant la menace de mort.

Comme les sœurs, je l'ai embrassé sur le front tout près des yeux déjà clos. Après, dans mon lit, je demandais à Dieu de le sauver puisqu'il pouvait tout. J'espérais un miracle. Je croyais au miracle. Le lendemain, tapie sous les couvertures, je guettais les bruits familiers qui pourraient me renseigner : Dieu m'avait-il exaucée ? De sa non-réponse date mon retrait progressif de son ordre.

L'enfant était moins impressionnant mort que mourant, son visage semblable à celui d'une poupée de cire était paisible. Ce n'était plus l'expression d'une souffrance mais d'une absence. Il n'avait plus rien à voir avec le bébé qui éclatait de rire quand je lui balayais le visage avec mes cheveux ou que je jouais à le faire disparaître sous les couvertures.

Il a été enterré dans le cimetière du village, à la campagne, et, pour la première fois, ce trajet, symbole de vacances et de joie, s'est effectué dans le silence et la tristesse. Seul le noir, le *Dies irae*, le *De profundis*, aurait pu exprimer ma révolte et mon désespoir. Ce fut le blanc de la messe des Anges. « Mais pourquoi ? Pourquoi ? » demandais-je. « Parce que c'est un petit enfant sans péché et maintenant un ange au Paradis. » Cette mort, réduite à un envol vers le ciel, sans cris de douleur pour accompagner l'adieu. « Du fond de l'abîme, je crie vers toi, Seigneur !... », « Jour de colère, jour terrible... » était incompréhensible. Je m'étonnais de ne pas être vêtue de noir ; « on ne porte pas le deuil d'un enfant », m'avait-on dit. Au cimetière, quand le petit cercueil s'est enfoncé dans le caveau familial, j'ai éclaté en sanglots mais Seconde m'a poussé du coude : « Ne sois pas ridicule ! »

Garder sa dignité, son quant-à-soi, ne rien montrer. Pourquoi pleurer puisque l'enfant-ange était désormais heureux près du Seigneur là-haut d'où il nous voyait et nous protégeait. Il n'y avait pas de place pour la douleur, le manque... La mère disait à Dieu : « Que votre volonté soit faite », « Dieu me l'a donné, Dieu me l'a repris ». N'y aurait-il que la foi qui apaise ?

Bien plus tard, les larmes retenues ont jailli débridant une plaie mal cicatrisée, autorisant le souvenir du petit enfant dont la mère disait : « Il te ressemblait ; sur son lit de mort, c'était ton portrait ! »

Puis la mère n'a eu de cesse qu'elle n'ait un autre enfant. Elle a mené une longue bataille : soins médicaux, cure thermale... une obstination que n'arrêtaient pas les fausses couches successives. Elle nous tenait au courant de ses espoirs, de ses défaites, nous associant à cette bataille qui était la sienne comme si elle eût été la nôtre. Cet acharnement l'occupait tout entière ; il semblait que les enfants devenus grands ne l'intéressaient plus et ne pouvaient combler le vide de ses bras, le creux de son ventre. Lorsqu'elle était à nouveau enceinte, elle restait suspendue aux mouvements de son corps, aux écoulements susceptibles d'annoncer la fin de ses espérances. Elle avait un geste rapide pour toucher son sexe avec son doigt et lui jeter un regard rapide pour vérifier la présence ou l'absence de sang.

J'étais seule avec elle ce jour-là, assise au jardin public ; j'étais heureuse, me préparant à partir le soir même en vacances chez des amies ; après vérification, son doigt était plein de sang ; nous sommes vite rentrées à la maison ; la joie et l'excitation du départ s'étaient évanouies. Partie avec le poids de son désespoir sur le dos, j'ai reçu peu de temps après une lettre dans laquelle elle m'annonçait sa fausse couche, ajoutant : « J'aurais tant voulu vous donner un petit frère ou une petite sœur. » Ce bébé rêvé, désiré, était pour elle. Pas pour nous. Pas pour moi en tout cas. J'avais bien assez des vivants et du mort. Je lui en ai voulu de nous faire participer à une quête et à une peine tellement siennes ; j'en excluais le père, le maintenant à l'écart, ce qui me permettait de ne pas penser à leur désir, à leurs échanges sexuels qui m'apparaissaient, quand l'idée m'effleurait, monstrueux.

Une autre fois – elle était enceinte de cinq mois –, la Grande, annonciatrice habituelle, a dit un matin : « Le docteur est venu cette nuit, maman a fait une fausse couche ; il était déjà bien formé, c'était un garçon. » Le mot « fausse couche » n'évoquait jusqu'alors qu'une ébauche abstraite de bébé, tout d'un coup cette précision sur le sexe faisait du fœtus un être véritable et un mort de plus. « Et qu'a-t-on fait du corps ? » ai-je demandé. La Grande a dit : « On l'a jeté dans les cabinets. »

Quand la mère a attendu le dernier bébé, pour ne pas le perdre comme les autres, elle est restée étendue pratiquement toute sa grossesse dans sa chambre du deuxième étage où on allait lui rendre visite. Elle était toute à cet enfant qui poussait en elle et la transformait en un tas énorme de chair flasque, une fabrique de bébé. Quand elle s'est levée à la fin, énorme, les pieds enflés dans ses trop larges chaussures, le ventre inimaginable, j'avais honte.

La naissance de la petite sœur ne m'a laissé aucun souvenir de joie, peut-être parce que celle de la mère était trop manifeste. Ce bébé annulait le mort. Un être égale un autre être ; un enfant, un autre enfant. Je m'étais habituée à l'attente mais l'intrusion de la petite dans la réalité était insupportable ; elle était le centre de tous les intérêts : ses tétées, ses sommeils, ses cris balisaient le temps. Je détestais le long sein blanc veiné de bleu à la tétine brune nettement dessinée et gonflée de lait que ma mère exhibait. Une maternité triomphante et impudique. Je revois la petite déjà solide sur ses jambes se nourrissant de ce vieux sein lourd.

L'image des vaches gâtines de mon enfance au regard trop humain, aux lourds pis ballottant entre leurs pattes surgissait et suscitait un dégoût masquant une inavouable jalousie. Longtemps, la petite n'a pas fait partie de ma fratrie ; je l'oubliais. Comme si l'amour exclusif, absolu, démonstratif que la mère lui vouait la rejetait dans les limbes d'où elle n'aurait jamais dû sortir.

Elle allait sur ses deux ans ; j'en avais seize ; c'était l'automne et elle était un peu souffrante ; ma mère a appelé le pédiatre. Moi, ce matin-là, je n'avais pas pu me lever. Depuis la rentrée des classes, j'avais mal au côté droit, une douleur qui coupait le souffle, m'empêchait de courir, m'obligeait à porter mon cartable du bras gauche. La classe m'ennuyait plus que d'habitude. La maladie était mal vue par la mère et jamais nous ne nous réjouissions d'une grippe ou d'un gros rhume car les complications et les gronderies les faisaient chèrement payer. La mère a quand même conduit le médecin à mon chevet et, à l'auscultation, son visage est devenu grave ; il s'est adressé à moi avec une douceur qui m'a ravie, laissant entendre que mon état était sérieux.

D'un seul coup, j'étais devenue l'objet de l'attention et de l'inquiétude de la mère : elle était aux petits soins, se montrait affectueuse et j'adorais les signes de cet amour inespéré. Son visage attendri se superposait temporairement à celui, inscrit, de sa douleur : ravagé, lèvres closes, yeux creux, peau grise et tendue, bouche rentrée ; visage fermé à l'autre, tourné vers l'intime de sa souffrance.

La maladie est un délice. Certes les médicaments provoquaient une incessante nausée mais la fatigue était agréable, tout comme la sensation d'un temps suspendu. Je me souviens de la solitude paisible de la chambre, sombre et à l'écart des bruits de la maison que les trop grosses fleurs de la tapisserie rapetissaient, des opéras de Mozart que je découvrais à la radio, des romans à l'eau de rose qui me provoquaient tant d'émois ; de l'odeur aigre de la fièvre, la moiteur du lit devenait mon univers. Dans ce désert, des îlots : les visites du père, de la mère, du médecin, de la Grande et surtout de Seconde qui continuait à dormir dans le lit d'à côté. Les plateaux repas étaient trop abondants ; même les fontainebleaux mousseux, ronds et blancs dans leur voile de tulle que la mère apportait tout frais du marché me dégoûtaient.

C'était une vie entre parenthèses, sans qualificatif, sans réalité, sans pensée, réduite à des sensations confuses, flasques.

La tuberculose, à l'époque, était encore une maladie honteuse. Nous avions été quatre élèves de la même classe atteintes en même temps, et on avait découvert que la contamination provenait du professeur de mathématiques ; elle n'avait donc rien d'héréditaire, c'était un soulagement car le père se demandait s'il pourrait me marier un jour ; il disait aussi qu'il fallait me surveiller car « la tuberculose attisait les sens ».

À peine convalescente, j'ai été accueillie par une sœur de ma mère dans les environs de Pau. Elle habitait un château de brique de XIXe siècle peu remarquable par le style, mais situé dans un grand parc bien dessiné où les camélias et les rhododendrons rivalisaient en abondance et en couleur ; les Pyrénées apparaissaient ou disparaissaient suivant le temps, mais, le plus souvent, offraient un incroyable paysage de carte postale.

La tante était veuve et ses quatre enfants retenus ailleurs par le travail, le mariage ou les études. Je passais plusieurs mois en tête à tête avec elle, observant sous son autorité un rythme de vie de sanatorium. Aux repas ou le soir après dîner, elle parlait, me livrant moult détails sur son enfance, la vie au château avec ses sœurs, la méchanceté de la grand-mère (sa mère), l'histoire familiale, son histoire à elle. Sans doute ne s'adressait-elle pas vraiment à moi – je m'en rendais compte même à l'époque –, mais elle n'était plus seule : quelqu'un l'écoutait. À haute voix, elle laissait dévider ses pensées, ses rêves (elle consultait une voyante), évoquant les heureux souvenirs de son mariage, de la vie mondaine et brillante qu'elle avait menée à Paris avant la guerre, elle faisait part de ses espoirs de remariage. Elle osait parler de sexualité, exprimait ce qu'elle pensait avec plus de liberté, moins de référence à l'ordre moral qui planait toujours en arrière-fond chez mes parents. Elle m'hypnotisait. J'observais son port de tête, la façon qu'elle avait de dégager son long cou en le tirant vers le haut tout en tournant légèrement la tête du côté droit, reprenant ainsi la pose du tableau que Jean Gabriel Domergue avait fait d'elle. J'aimais aussi quand elle portait sa main droite sous son menton et qu'elle la faisait descendre doucement, en caressant son buste et ses seins qu'elle avait menus.

Je trouvais ce geste terriblement émouvant, érotique, pour employer un mot dont je ne connaissais pas alors le sens mais bien la sensation.

Elle ne m'apparaissait pas comme une mère mais comme une femme – la première sans doute – dont je sentais la féminité exigeante et inassouvie. Une femme d'affaires aussi, gérant le domaine, discutant avec le régisseur.

Je découvrais un mode de vie très éloigné du nôtre, luxe, confort, raffinement : dans les étages, chaque chambre avait sa salle de bains tandis que tout le bas était occupé par les pièces de réception et le bureau ; la cuisine, la buanderie, les réserves étaient situées au sous-sol. Nous prenions nos repas dans la salle à manger, servies par un valet de chambre en gants blancs, aux cheveux poivre et sel en brosse, au dos et au cou larges et raides, le sosie d'Eric von Stroheim. Il ne me regardait jamais et m'intimidait énormément. La tante disait qu'il était amoureux d'elle et qu'elle avait dû plusieurs fois repousser ses avances. La cuisinière, un ancien cordon-bleu (j'apprenais au passage ce que c'était), laissait aller son imagination pour créer des repas délicieux, énormes pets-de-nonne à la sauce groseille, gnocchis maison, foie de veau, etc. Marie était énorme, elle avait été placée dans de grandes maisons parisiennes où la vie de la domesticité m'apparaissait, par ce qu'elle en racontait, aussi compliquée et passionnelle que celle des patrons. Elle vouait un culte à ma tante, le valet de chambre, jaloux de leur intimité, ragotait sur leur relations, ce qui avait provoqué un véritable drame. Tout était rentré dans l'ordre, mais ils ne s'adressaient plus la parole.

C'était une vie disciplinée, rythmée à l'extrême – repas, siestes, promenades –, et solitaire car en dehors des rencontres avec la tante balisées dans le temps, je devais me suffire à moi-même, ce qui était une découverte : mes sœurs notamment n'étaient plus là. Je restais de longues heures dans ma chambre, je lisais beaucoup et correspondais avec une amie malade comme moi mais plus gravement : elle me racontait le sana. Pour la première fois j'investissais affectivement sur quelqu'un qui n'était pas de ma famille. Nous partagions notre expérience, échangions sur le sens de la vie, Dieu, la réalité du monde...

Le père et la mère vinrent me voir une fois. Ce n'était pas une bonne idée. Tout en apparence se passait très bien, mais je sentais trop ce qui n'était pas dit : le mépris de la tante pour le père qui n'était pas riche et n'avait pas une situation brillante ; la condescendance envers la mère, sa sœur plus jeune, qu'elle estimait lui être en tout inférieure. De leur côté, les parents essayaient de me tirer les vers du nez sur la vie de la tante ou faisaient des commentaires qui me mettaient mal à l'aise. Je n'avais encore jamais ressenti combien les pensées et les sentiments de personnes proches, sensées s'aimer – ce qui était d'ailleurs le cas – pouvaient receler d'envie, de haine, de jugement. Il m'était difficile de faire cohabiter tout ça en moi et leur départ fut un soulagement.

Grâce à la tante, j'ai découvert les puzzles, la musique de Satie et d'Henri Sauguet, Joséphine Baker, Piaf, Maurice Chevalier, Félix Leclerc, *Autant en emporte le vent*, les romans de Vicki Baum et *Poussière* de Rosamond Lehmann. J'y ai appris la souffrance des femmes privées d'hommes : « Crois-tu que j'ai besoin d'un homme qui me fasse des choses dans mon lit ? » disait-elle pour évoquer la minute suivante les promesses de la voyante sur l'imminence de son remariage.

J'ai découvert le silence et l'extrême difficulté de le rompre. Avant d'être malade, j'étais plutôt bavarde et assez drôle – une enfant vive comme on disait –, après cette solitude et la diversité des pensées qui se bousculaient dans ma tête, les paroles ne pouvaient plus franchir la barrière des lèvres. Pour parler à partir de soi, pas forcément de soi, il faut un minimum de conscience de soi... La maladie est une deuxième naissance.

La vie reprend en apparence son cours normal à la rentrée suivante. Il y a pourtant un avant, un après. Les autres ne s'en rendent pas compte ; vous essayez de renouer les fils avec l'existence antérieure sans y parvenir. Tout semble décalé.

Vous donnez le change mais, en vous, un autre être s'est incrusté, tente de se déployer et se livre à un commentaire incessant et impitoyable. Un dédoublement s'opère. Une interrogation critique qui n'épargne personne, y compris vous-même. Vous avez perdu le contact avec le cœur des choses. Vous découvrez une distance douloureuse avec les autres dont les ridicules et les contradictions vous exaspèrent. Vous portez la pierre pesante de la haine et de la colère qui vous rend insolente, odieuse. Votre intransigeance englobe d'abord vos proches. L'idéal a disparu : la croyance en Dieu s'est volatilisée. Vous tentez de vous raccrocher à des idées, à un langage plus moderne prenant en compte la réalité, impliquant une relation différente avec Lui. Mais rien n'y fait : il a disparu. Vous mettrez beaucoup de temps à accepter sa disparition. Vous serez dans les tourments et par peur du châtiment vous garderez les signes extérieurs, craignant que le ciel ne vous tombe sur la tête. Ce n'est pas une métaphore.

De retour au Sacré-Cœur, après douze mois de convalescence, des signes manifestent concrètement ces changements. Le silence vous enferme et semble avoir clos pour toujours votre bouche ; en classe, vous restez muette quand on vous interroge ; avant, le travail scolaire ne vous posait pas de problème, à présent il vous pèse ; vous vous ennuyez à mourir et vos résultats sont médiocres ; vous sentez que vous ne faites plus partie des autres élèves, du pensionnat, dont les rituels vous paraissent absurdes. Vous êtes étrangère. Les religieuses conseillent à vos parents de tenter le lycée où vous découvrirez, après des débuts difficiles dans un univers décalé, grâce à des professeurs passionnés par leur métier, la littérature, l'histoire, la confrontation entre des opinions différentes et des camarades bien plus délurées que les sages élèves en bleu marine.

La solitude serait totale si Seconde ne vous reliait à la vie. C'est la seule qui échappe à l'indifférence ou à la haine qui vous nourrit. Vous la sentez, cette haine, comme une boule dure dans le ventre ; parfois, elle remonte dans la gorge et se vomit sous forme de phrases définitives et violentes. Vous vous étonnez d'entendre certaines de vos camarades parler tendrement de leurs parents, et de la relation de liberté et de confiance qu'elles ont avec eux. Comment aimer ses parents ? N'est-ce pas un sentiment infantile ? Vous comprenez les jeunes révolutionnaires russes qui dénonçaient des membres de leur famille dans le souci de faire justice, d'instaurer un autre ordre des choses. S'inscrire dans la fidélité aux idées parentales ou familiales, quelles qu'elles soient, vous a d'ailleurs toujours paru suspect, comme une absence de choix personnel. Comme si l'exigence de revisiter, chacun pour son propre compte, croyances, valeurs et opinions n'avait pas été respectée.

Vous vous accrochez donc à Seconde, vous lui servez de miroir et d'oreille attentive. Elle seule vous semble vivre pour de bon et dans la déroute où vous êtes, dans ce désert âpre et désespéré, elle représente une source inaltérable de projets et d'espoir. Elle aussi a changé à sa manière : les idées l'intéressent plus que les rallyes qu'affectionne la Grande. Le trio a éclaté.

On se moque de vous ; on vous accuse de copier Seconde, d'être sous influence, de mettre vos pas dans les siens. Peu importe. Vous vous rencontrez dans le refus. Elle est votre mère adoptive, votre jumelle temporaire, votre béquille. Elle vous a sauvée du désespoir ; sans elle vous auriez sombré.

Quand elle est partie pour Paris, qu'elle vous raconte sa vie, vous n'avez qu'un seul but : la rejoindre. D'ailleurs, vous êtes intimement persuadée qu'il n'y a que dans cette ville mythique que vous rencontrerez des hommes et, ce dont vous rêvez bien sûr, l'amour. Elle vous a beaucoup aidée à réaliser ce projet.

Vous découvrez une bonne raison de partir : une vocation pour la langue russe qui ne s'enseignait alors qu'à Paris, aux Langues orientales. Le père donne son accord. Coïncidence (ou non), le glorieux père de la grand-mère maternelle connaissait le russe et elle vous transmettra ses livres dont certains seront vos compagnons quotidiens des années durant.

Paris, c'est l'adieu à l'enfance, à l'adolescence, le début d'une autre vie. L'histoire pourrait s'arrêter là puisqu'une autre commence. Je croyais pouvoir l'inscrire sur une page blanche faisant du passé table rase ; c'était une illusion, bien sûr.

Ma mère

Ce n'est pas un hasard si je n'ai tissé un lien particulier avec ma mère qu'après la mort de mon père en 1984. Il était son horizon et sa part jumelle. Parfois, d'elle, on aurait pu se faire comprendre mais elle ne supportait pas le moindre écart avec lui, sa moitié. Avec sa disparition, elle se trouvait amputée pour la deuxième fois et découvrait une solitude inconnue. Ma vieille rancœur estompée, je me suis rapprochée et j'ai pris soin d'elle tout en craignant d'être dévorée à cause d'une trop grande proximité. Je ne désirais pas occuper la place du « préféré ». De ces années, surnagent pourtant les seuls moments de partage.

Le premier souvenir que j'ai d'elle, ma mère – je nous vois très clairement toutes les deux, comme sur une carte postale –, est assez tardif. Nous sommes encore au château, c'est l'été, il fait chaud ; nous sommes assises, seules, sous le cèdre, elle m'apprend à lire. J'ai six ou sept ans. Je me souviens de l'aiguille à tricoter fixée sur un groupe de lettres et de la peur qui m'envahissait car si je ne répondais pas assez vite ou pas du tout, elle ne serait pas contente et l'aiguille, encore immobile, me piquerait le bras. Jusqu'à cette scène de la lecture, je ne me souviens d'aucune relation personnelle, ce qui ne signifie pas qu'il n'y en eut point. Le deuxième souvenir où elle s'adresse vraiment à moi est celui de la maladie quand elle entrait dans ma chambre avec ce fontainebleau blanc, entouré de tulle, en forme de sein.

À l'exclusion de ces deux images ineffaçables, il me semble qu'il n'y eut pas de lien personnel. Je faisais partie d'un tout – ses enfants, qui lui étaient soumis. Ce n'est que beaucoup plus tard que j'ai compris qu'en creux sa place était immense ; que j'étais en manque d'elle et que je l'appelais sans le savoir. Quand j'ai été mère moi-même et surtout quand je l'ai accompagnée sur la fin de sa vie, une fois veuve. Elle reste présente, peut-être parce que j'ai mesuré l'en deçà de ses folies, que j'ai atteint parfois le lieu secret où elle se cachait et qu'il nous est arrivé, tardivement, de partager des moments d'intimité.

J'ai bien longtemps porté à ma mère un amour douteux ; savoir si je l'aimais ou pas était une question obsédante. Elle était la seule personne avec laquelle je ne savais jamais où j'en étais. Je savais la tendresse, je savais la peur et l'agacement, je savais le dégoût, je savais la fureur et les fous rires partagés, je savais la honte et la pitié, parfois aussi la jalousie et la haine, mais au total l'aimais-je ou pas ? L'amour que je lui ai porté était un sentiment accroché à un manque comme un vêtement à une corde à linge, battu par le vent. Mère toujours là, présente comme le jour, la nuit, le soleil, la chaleur, la pluie, le froid ou le vent, mère élément aussi instable qu'eux… Une mère élémentaire, pas une mère rassurante.

J'ai appris assez tard (autour de huit, neuf ans) qu'elle avait eu une sœur jumelle, morte peu de temps avant la naissance de la Grande qui portait son prénom. Je me vois encore regarder une photo encadrée des six filles et demander en posant le doigt sur deux visages identiques : « Où est maman ? » Elle ne répondait pas tandis que le père disait : « Il ne faut pas en parler, ça lui fait de la peine. » Elle était née la seconde, inattendue. Grand-mère Thérèse évoque dans ses Mémoires la « consternation » provoquée par cette double naissance de filles. Ne sachant quel prénom lui donner, on avait dit « Marie », ce qui ne la distinguait pas beaucoup des autres qui portaient, fille ou garçon, ce prénom parmi les leurs. Était-ce le signe qu'elle était là de surcroît et qu'il lui serait bien difficile d'exister par elle-même ?

La rumeur familiale disait aussi qu'Hélène, sa jumelle, était plus affirmée, rebelle et autoritaire, que Marie en était la version adoucie. L'autre s'était mariée la première et je n'ai jamais pu savoir comment ma mère avait vécu cette séparation qui préfigurait celle, définitive, qui eut lieu peu de temps après : sa jumelle est morte à vingt-cinq ans. Elle a toujours refusé d'en parler ; elle ne s'en est jamais remise.

On en était réduite – moi du moins – à imaginer ce qu'était cette vie jumelle.

Les deux petites filles sortent du cadre ; elles s'animent ; ça leur plaît d'être identiques. Parmi les six filles, elles sont particulières et occupent une place de choix. Elles attirent l'attention et l'attendrissement. Elles n'ont pas à faire grand-chose, seulement être là et fixer leurs yeux noirs dans le regard perplexe et amusé de celui qui les regarde.

Quelle chance formidable que d'avoir toujours près de soi un autre soi-même avec lequel se poursuit un interminable dialogue intérieur. On ne se heurte pas à sa propre barrière, on connaît d'emblée le langage de l'autre. Pas seulement celui des mots, mais celui des impressions et des sensations. Elles s'y étaient déjà habituées dans le ventre de leur mère, cela ne faisait que continuer. Parfois c'était Hélène qui ressentait la première, parfois c'était Marie. Peu importe puisque cette sensation se communiquait instantanément. C'était extraordinaire, cette bulle qu'elles formaient toutes les deux, comme était grisant le fait de n'être jamais distingué pour soi-même mais de partager une identité. De faire partie d'une entité dont on dépend tout autant qu'on la crée. Quelle force ! Être « les jumelles » ; être « Hélène et Marie ». Ne jamais se quitter. Être toujours confondues dans l'incarnation du même et du différent.

Les autres sœurs peuvent bien essayer de rentrer dans cet œuf. En vain. Elles envient l'attention qu'elles suscitent et surtout l'attendrissement de leur père.

Quelques années avant sa mort, ma mère me tend une photo retrouvée des jumelles. Elles ont environ vingt ans, deux visages encore arrondis par une coiffure en macaron ; leur ressemblance fascine et inquiète ; je guette leurs différences : un menton plus ferme, un reflet différent dans le regard. Je demande : « Là, tu dois te rappeler quand même, où es-tu ? » Ma mère s'étonne et s'agace de cet acharnement à vouloir les distinguer l'une de l'autre. « Je ne sais pas ; on était pareille ; on était de vraies jumelles. » Elle souligne la similitude, elle revendique la confusion tandis que moi je cherche : où es-tu ? Qui es-tu, ma mère ?

C'est dans la gémellité qu'elle trouvait sa place. C'est ce même qui la rassure, la comble, la fonde, « je suis toi, tu es moi », comme si seule et différente, elle était perdue. Être deux dans le même, c'est là son origine et le paradis perdu qu'elle cherche à retrouver. Elle déteste la différence, tout ce qui sépare. Elle guette toujours ce qui unit, rend semblable et inséparable. « Tu penses comme moi » est le plus bel éloge qu'elle puisse faire ; à la fois un soulagement et une réassurance. Comme si elle conviait l'autre à occuper fugacement la place perdue de la moitié d'elle-même.

Avec une autre, semblable à elle, elle avait formé pendant plus de vingt ans un couple clos – complétude dans la similitude –, une monde sans béance qui prolongeait, dans l'espace extérieur, la prodigieuse intimité intra-utérine. Est-ce ce couple gémellaire qu'elle avait tenté de retrouver avec son mari ? Où celui-ci reprendrait la place laissée vide par sa moitié perdue, continuerait le couple primitif ? Tout partager, tout se dire, tout aimer ou détester de la même façon, pour les mêmes raisons. La moindre divergence est inquiétante : mur, barrière, susceptible de rompre l'unité.

Lorsque elle sera veuve, elle sera seule pour la première fois de sa vie et de son avant-vie puisque même dans le ventre, elles étaient deux. Deux, son chiffre d'or, sa paix. C'est cet accord duel qu'elle cherche avec l'un ou l'autre d'entre nous : « toutes les deux » « à deux ». Elle s'apaise alors. Dès qu'on est plus nombreux, ça dérape, ça l'agace ; elle soupçonne des alliances contre elle, se referme ou choisit quelqu'un pour vite recréer du « deux ». Loin de se réjouir, lorsque se manifeste une entente fraternelle, elle y voit un danger, une menace ; peut-être moins la crainte de ne plus occuper le centre de la famille qu'elle s'est créée que le risque et l'horreur d'être seule à l'écart.

Serait-ce aussi ce deux qu'elle retrouvait dans la maternité. Le bébé dans son ventre puis enclos dans ses bras lui permettant de retrouver sa complétude, le nostalgique deux en un. Quand je la voyais avec ma plus jeune sœur, puis, après, avec ses petits-enfants, s'emparer d'eux, les bercer sur sa grosse et molle poitrine, les gaver de baisers en modulant d'absurdes mots, que ses traits généralement durs fondaient de tendresse, je me disais que, toute petite, sans doute j'avais été comme ça dans ses bras, qu'elle avait dû faire ainsi avec moi et que cela avait dû être des moments de bonheur inouïs et, quoique oubliés, inoubliables. Une si bonne mère des tout-petits qui font encore partie d'elle ; impatiente, autoritaire, grondeuse, irritable pour ceux qui déjà s'éloignent, dont les pas maladroits conduisent à la recherche d'un ailleurs.

Petite, je rêvais d'avoir ainsi mon double, garant mythique de la non-solitude et d'une totale compréhension et j'ai gardé longtemps, tapie au plus profond de moi, transmise par ma mère, la nostalgie d'une intimité totale avec l'autre. Cette intimité m'apparaissait comme un paradigme. Les jumelles me fascinaient et je me racontais des histoires à leur sujet.

Par mimétisme ou hérédité, ma mère ressemblait à sa propre mère. Dominatrice, autoritaire, impérieuse et dotée d'un caractère impulsif et violent. L'orage pouvait intervenir à tout moment sans qu'aucun nuage ne l'annonce et gâcher brusquement, non pas la fête car nous n'étions pas une famille de fête, mais un moment tranquille, banal. Elle ne connaissait pas le calme : ses effroyables et fréquentes colères l'entraînaient à dire des horreurs, des paroles haineuses, meurtrières. Une sorte de malignité ou d'intuition fulgurante lui faisait prononcer la parole-flèche qui vous atteignait au cœur de votre plus intime fragilité. Cette blessure ne pouvait s'oublier. Elle n'avait ni retenue, ni censure ; elle n'hésitait jamais à dire ce qu'elle avait au bord des lèvres, elle se donnait toutes les autorisations. Elle avait tous les droits. Une fois l'éclat terminé, elle déployait un charme fou, faisait des mignardises, réclamait qu'on fasse la paix comme si ce n'était pas elle qui l'avait rompue ; elle voulait à toute force une réconciliation sans jamais admettre qu'elle pouvait être en faute ; reconnaître le mal causé, la peine faite à l'autre lui était impossible.

Elle n'avait jamais tort. Quand je lui demandais à quoi servait, alors, sa confession régulière à l'église, elle ne savait quoi répondre. Elle était dans l'application d'un rituel qui lui garantissait la vie éternelle mais n'empêchait pas sa peur grandissante de la mort. Elle avait été formée à obéir aux ordres, à l'Ordre et son esprit y avait été tellement habitué qu'elle ne pouvait comprendre qu'on prenne une distance, si étroite fût-elle, avec ce qu'elle considérait comme la loi intangible régissant l'univers. Ainsi me menaçait-elle de l'enfer et récitait-elle son chapelet pour que Dieu m'en préserve.

Elle ne connaissait pas le retour sur soi, la remise en cause d'un acte, d'une parole ; elle collait à elle-même dans la succession des instants. Elle arrivait pourtant, le temps aidant, et parce qu'elle usait de son grand charme, à vous récupérer ; on passait l'éponge ; la page à nouveau était presque blanche… Jusqu'au prochain éclat, la prochaine injustice, la prochaine méchanceté gratuite. Alors, de la blessure tapie au fond du cœur jaillissait la lave, l'écoulement de la haine avec son goût amer.

Elle supportait difficilement qu'autrui ne soit pas de son avis mais adorait le rencontrer sur une affinité et plus encore sur une préférence. Préférer – encore une trace de sa mère – était le socle de son fonctionnement affectif. On ne pouvait aimer chacun pour lui-même, dans ce qui le rendait unique. Non. L'idée de comparaison était toujours sous-jacente. Aimer, c'était préférer, c'est-à-dire aimer quelqu'un contre quelqu'un d'autre et installer une rivalité qui n'avait pas lieu d'être. C'était un peu comme si l'amour était une denrée limitée et qu'il ne soit pas sûr qu'il y en ait pour tout le monde.

« Je ne suis pas plus bête qu'une autre », aimait-elle proclamer, et c'est vrai qu'elle avait une intuition phénoménale, un grand sens de l'observation, du bon sens et de la curiosité. Mais l'acte de penser était annulé ou n'avait jamais existé. Elle ne connaissait ni la réflexion, ni l'esprit critique, l'interrogation, le doute, la prise de distance ou l'objectivité. L'affect et l'émotivité imprégnaient tout. Elle aimait ou elle n'aimait pas. Elle disait « j'adore Chirac et je déteste Balladur », sans chercher à étayer ce propos.

Malgré les deuils qui ne l'avaient pas épargnée et la dépression larvée qui la dominait par moments et qui remontait loin sans doute (depuis la mort de sa jumelle ?), elle avait du goût pour la vie, était gourmande, avait d'incroyables crises de fou rires, adorait les récits un peu lestes, se berçait des chansons de Michel Sardou, se passionnait pour les histoires des gens – surtout les histoires d'amour –, était capable d'employer un vocabulaire cru, avait le sens du concret et usait d'une série de métaphores rustiques : « rouge comme un coq de redevance », « coureur comme un chien de presbytère », « se mettre la rate en court bouillon », « têtu comme un âne rouge »...

Elle était courageuse, énergique, dure au mal, active, détestait ce qui ressemblait à de la paresse ou du laisser-aller. Elle ne savait pas garder pour elle ses sentiments ni contenir ses angoisses. Quand nous étions enfants, il lui arrivait, la nuit, inquiète de ne pas entendre le père rentrer, de faire irruption dans notre chambre – celle des filles –, d'allumer brusquement la lumière en disant : « Votre père est mort ! » Réveillées en sursaut, affolées, on s'efforçait de la rassurer, guettant les bruits. Quand le père arrivait, c'était le soulagement, une joie chèrement payée.

Elle était sûre de son bon droit comme si la noblesse de sa naissance lui donnait tout pouvoir sur autrui. Elle était différente des autres, d'une essence supérieure, suzeraine. Elle croyait sincèrement que son sang était bleu... Sous une apparente égalité de rapports, elle s'arrangeait subtilement pour que nul n'ignore ses origines tout en admirant sa « simplicité », sa manière de se mettre aisément à la portée du vulgaire. Elle se penchait sur les gens sans qu'ils s'en rendent forcément compte, comme la châtelaine qu'elle était restée. À ses yeux, le monde était ainsi construit : elle était un être à part, supérieur. Il était étonnant de voir l'aisance avec laquelle elle embobinait, à la campagne, les paysans du voisinage ou, en ville, ses voisins, la vendeuse de Prisunic ou le facteur : « Tout le monde m'adore », disait-elle. Sans doute parce que sous cette attitude datant de son enfance, était tapie une intense curiosité envers la vie, les gens et une demande d'amour avide. Jusqu'au bout, malgré ses plus de quatre-vingt-dix ans, elle était restée une des six filles du château du bout du monde, élevée à la dure mais dans la certitude d'appartenir à une caste.

Ma mère des derniers temps… Maintenant, quand elle m'embrasse, je sens son nez et son menton qui heurtent ma joue. C'est un baiser de vieille. Ai-je le souvenir d'un vrai baiser quand j'étais petite et qu'elle me faisait si peur ? Cette tendresse, elle l'a manifestée quand les positions se sont inversées du fait de la vieillesse, de sa fragilité, puis de l'égarement de son esprit. Peut-être était-elle trop infantile pour occuper une place de mère ? Peut-être n'a-t-elle pas pu grandir dans l'attente de l'impossible tendresse de sa propre mère ? Elle ne l'avait pas reçue et ne savait pas la donner ; seulement l'exiger, la recevoir et s'en nourrir. À la fin de sa vie, elle revenait à l'époque de son enfance : « Maman va me gronder, j'ai été en retard à la messe… », « Mylène n'a pas voulu me peigner… », « Jacques est gentil, il m'a donné des fleurs »… des phrases dites sur un ton enfantin qui abolissaient tout ce qu'elle avait vécu ensuite. De même, mon père, au seuil de la mort, appelait ses sœurs avec une voix de petit garçon pour jouer avec elles ou leur demander pardon de leur avoir tiré les cheveux. Comme elles sont indélébiles ces traces premières de l'enfance.

Elle était alors dans une maison de retraite et lorsque je la quittais, ces dimanches après-midi, j'étais lourde de remords, du poids de l'abandon. C'est la mère, pensai-je, qui nous donne, avec la vie, la multiplicité des sentiments et la capacité d'en ressentir toute la gamme : joies, colères, haines, attendrissements, révoltes, aigreurs et douceurs. Tout trouve en elle son origine. Elle ne m'a pas élevée, elle m'a éprouvée et fait éprouver.

Quand elle est morte, j'ai eu grand-pitié d'elle et des tourments de sa vie. Pourquoi, pensant à elle, est-ce toujours la souffrance ou l'insatisfaction qui vient, jamais la joie ? J'ai pleuré dans la solitude, comme un secret qu'on partageait, pour qu'elle sache qu'il y avait de l'amour, une demande d'amour, un rêve d'amour. Elle, qui en avait besoin comme de l'air qu'on respire, l'exigeait comme un dû ; ce n'était ni une gratuité, ni un échange, mais une avidité. Morte, son visage était paisible. Sa douleur était finie. Peut-être en serait-ce terminé aussi pour moi de sa pensée tourmentante et de ma vaine quête. Je la regardais et je me disais qu'un jour il faudrait bien essayer de faire le tour de cette mort. Je ne l'oublie pas. Il m'arrive encore de penser à lui téléphoner comme avant. Parfois, quand je me regarde dans la glace, mes traits qui se creusent, mes cheveux qui blanchissent, la place de mes rides… c'est elle que je vois au lieu de moi. Dans la fugacité du coup d'œil, je pense vraiment que c'est son fantôme. Comme si elle ne me lâchait pas ou refusait de me lâcher tant que je ne serais pas assurée, par les signes de sa présence outre-mort, de son amour dont j'ai toujours douté. Elle insiste tant que je finirai par y croire.

Chapitre II

L'ÉPREUVE

J'ai commencé mon analyse à trente-cinq ans ; il s'était écoulé près de quinze années depuis mon arrivée à Paris. Études, mariage, trois enfants désirés ; débuts dans la vie professionnelle, 1968, changement de travail… Tout va bien en apparence.

En réalité, tout ne va pas bien. Je ne vais pas bien. Sans savoir ni situer ni nommer ce mal. Le corps se manifeste par des maux de tête fréquents, de l'anémie, rien de grave ; dommage car une raison objective effacerait mon malaise. Je me sens déchirée entre le bonheur et le malheur, la joie et l'angoisse – une catastrophe peut intervenir à tout instant –, la peur est toujours là comme l'obsession de la mort. Elle rôde, attendant pour surgir le moment où je ne serai plus sur mes gardes… Je suis en état de veille permanent. J'entoure mari et enfants, eux qui me sont chers, d'un cercle imaginaire et magique qui les protège et que je dois maintenir à tout prix. Je les cache et je me cache. Je parle très peu d'eux à l'extérieur, dans la vie sociale, pour ne pas donner prise au malheur qui les toucherait s'ils quittaient la protection mentale dont je les entoure sans qu'ils en sachent rien. Je suis dans la crainte irraisonnée d'une dette à payer pour un bonheur auquel je n'ai pas droit, qui est immérité.

J'entends avec horreur les cris de ma mère dans mes cris, son énervement dans mes énervements, et ma culpabilité renforce une instabilité d'humeur qui me rappelle la sienne : je ne sais pas encore qu'on répète ce qui vous a fait souffrir. Parfois je lis la peur dans le regard de mes enfants quand je suis emportée par un flot de paroles violentes venues d'ailleurs. J'ai, comme dit la sagesse populaire, « tout pour être heureuse », ce qui accroît un sentiment d'imposture. Je mets en cause mon travail qui ne m'intéresse pas vraiment… il me semble être à côté de ma vie et je la regarde s'écouler au fil du temps. Je suis coupée en deux et ne parviens plus à me rassembler.

Il m'agace, lui, à mes côtés qui manifeste tant d'intérêt et de goût pour la vie, tant de curiosité pour le monde extérieur. L'inconnu l'attire autant qu'il m'effraie. J'avais cru que l'amour partagé ouvrait la porte d'une paix et d'un bonheur éternels. J'avais cru que cet élan si fort qui nous jetait l'un vers l'autre, non seulement durerait toujours avec la même intensité, mais qu'il abolirait toute différence et que nous ne formerions plus qu'un pour toujours. Sans rien en dire, il devinerait mon désarroi, saurait y répondre et l'apaiser. Or, visiblement, il ne se doute de rien, ne voit rien, ne sent rien ; je sais bien dissimuler. Et ne saurais d'ailleurs quoi exprimer tant le malaise est lourd, diffus, sans motifs, sans mots pour le décrire. C'est une sensation d'enlisement. Le quotidien de la vie m'apparaît dans toute sa grisaille, parfois illuminé par la grâce ou la joie qui l'habille des couleurs changeantes de l'arc-en-ciel. C'est de plus en plus rare. Je rêve de tornades, d'orages, de violences qui rompraient le cours monotone des jours. Je me retrouve seule après avoir cru ne l'être plus jamais.

Dès que je l'avais vu au cours de ma première année parisienne, j'avais ressenti une très forte attirance. Le coup de foudre existe donc ? me demandais-je, alors que je m'inquiétais des sentiments bien tièdes que m'inspiraient jusque-là les hommes. Sa voix m'éveillait d'un long sommeil, elle me transportait hors de moi, m'ouvrait un monde secret et sensuel que j'avais envie de connaître, elle avait le pouvoir d'abattre les murailles derrière lesquelles je m'abritais.

Je n'aime pas seulement la voix de cet homme mais aussi son aisance à se mouvoir, sa démarche nez au vent, sa nuque fragile, sa confiance dans l'avenir. Il n'a pas peur, semble-t-il ; il est curieux, un peu trop savant ; il ose montrer ce qu'il est, dire ce qu'il pense. Son humour m'agace et m'étonne. Son optimisme et sa légèreté aussi. C'est un être libre, pensais-je. Pourrait-il m'enseigner la liberté, m'y faire goûter ? Je n'en reviens pas qu'il puisse à son tour s'intéresser à moi. Mystère de l'amour et du désir qui avaient été assez forts pour résister à l'absence et au temps – la guerre d'Algérie –, pour franchir les obstacles de l'opposition paternelle.

Mon père ne voulait pas de ce gendre qui ne correspondait pas à ses rêves. Il me demande de suivre son exemple. Il m'apprend qu'il s'est soumis, autrefois, à la volonté de son père et a renoncé à la première femme qu'il avait aimée. Il exige de moi la même obéissance, se montre violent en paroles et en actes. Curieusement, il s'était déjà opposé au mariage de Seconde et ne l'avait finalement accepté que grâce à l'intervention du grand-père et il n'assistera pas à celui du jeune frère, ce qui fera dire à une de mes tantes paternelles : « C'est à croire que ton père n'aime pas les fêtes. » Pater familias, chef de la famille selon le mode ancestral, il ne comprend pas que ses enfants s'obstinent à réaliser des désirs qu'il désapprouve et tente d'interdire.

Je n'ai pas obéi à mon père ; je savais que je ne me trompais pas. Les gens heureux, dit-on, n'ont pas d'histoire et c'est vrai qu'il est difficile d'évoquer le bonheur, la liberté des échanges amoureux, la fantaisie, le monde qui se revêt de couleurs inattendues, le goût des choses les plus banales, les rires, la complicité, les conversations sans fin, les balades dans les rues… plus tard les émotions partagées des grossesses et des naissances, le lien et le dialogue que créent les enfants, leur éducation, leurs maladies, leur mal-être, les choix à opérer. La vie quotidienne avec le goût, si nouveau pour moi, de la liberté de dire et de penser, d'échanger. Peu à peu, pourtant, la lumière s'obscurcissait sans que j'en comprenne la raison ; je me sentais devenir étrangère à moi-même, divisée, envahie par une tristesse sans raison, la part d'ombre gagnait. Un découragement et un cafard culpabilisants et inavouables.

En cette période poussiéreuse de ma vie, je me retrouvais renvoyée à moi-même, incapable de comprendre ce qui m'arrivait, regardant l'autre, à mes côtés, vivre sa vie sans trop se douter de mes difficultés à vivre la mienne. Parfois il écoutait mes sombres propos, mes projections d'avenir invariablement pessimistes et les interrompait : « Et si on se faisait un bon petit repas ? » ce qui achevait de m'effondrer et de me renvoyer à un amer sentiment de solitude et d'incompréhension.

Pourtant, sans ses encouragements, je n'aurais jamais osé entreprendre une analyse. Je m'accrochais à ce qu'il me renvoyait de positif en moi pour oser une démarche très répandue à l'époque parmi les intellectuels, ce qui la rendait paradoxalement plus effrayante. Pour me justifier à mes propres yeux, je me suis donné une raison objective : devenir psychanalyste, métier fascinant car il concernait le mystère de l'individu et de ses relations à autrui. Ma position d'écoute et d'observation silencieuse, acquise depuis si longtemps, me faisait entendre des dissonances, soupçonner des mystères, deviner qu'autre chose qui se tramait sous l'apparente logique des discours et des histoires. Pénétrerai-je dans les arcanes de la « folie » maternelle ? Qu'allais-je y gagner ? Et y perdre ? Par quelle autre voie retrouver goût à la vie, rejeter cette dépression latente à laquelle je ne trouvais aucun motif et dont je me sentais coupable ? Comment ce « rien » que j'étais oserait-il solliciter l'attention d'un inconnu ?

Malgré le recul du temps, je me souviens encore du tremblement effaré avec lequel j'avais pris rendez-vous avec un psychanalyste. Aborder un homme au lieu d'une femme pour ce type d'échange me paraissait plus difficile, je pensais donc avec mon héroïsme de l'époque que c'était le choix qui s'imposait. Il n'a pas compris ma souffrance sous-jacente, certes bien masquée ; il a estimé que je ne relevais pas d'une analyse « qui s'adresse aux gens qui ont une vraie douleur ». Dans la rue, après ce rendez-vous manqué, humiliée, rejetée, je pleurai. Par la suite, j'ai compris que ma démarche envers cet homme avait d'autres significations ; malgré mes dires, du fait de leur place dominante dans ma famille, les hommes restaient à mes yeux plus compétents. De surcroît, à travers lui, ancien religieux (« père »), je cherchais à être écoutée et reconnue par mon propre père. D'où la violence ressentie par son incompréhension, vécue comme la répétition d'un rejet. Dans un rêve intense qui suivit, j'étais avec mes deux sœurs aînées enfermée dans l'ascenseur du domicile de ce psychanalyste, sans possibilité d'en sortir et en danger. Il restait sourd à nos appels.

La toute-puissance accordée jusque-là aux psychanalystes, sorte de devins capables de percer à jour les pensées, était remise en cause. C'était le premier coup de canif dans leur pouvoir magique supposé. L'importance des premiers entretiens, des signes adressés au-delà du dire, de la prise en compte de mobiles parfois surprenants m'apparaissait.

Une force souterraine plus puissante que moi m'a incitée à une autre rencontre qui fut la bonne. Merci à celle qui m'a accueillie, moi, mes balbutiements et mes pleurs, a soutenu mes pas, attentive, rude parfois. Je me raccrochais à l'éclat bleu de son regard aigu, seulement croisé au seuil de la porte – entrée, sortie –, mais que je sentais derrière moi, même si je la soupçonnais de dormir tant elle devait s'ennuyer avec quelqu'un d'aussi dénué d'intérêt. Il fallait bien une femme pour me redonner vie.

Je suis donc partie, sans bagage, seulement des lunettes noires et des Kleenex. Dès la première séance, j'ai pleuré toutes les larmes non versées à la mort du petit frère ; c'est son visage des derniers instants et sa mise en terre qui sont venus me visiter en premier. Par la suite, il y eut beaucoup de larmes, puisque dans ce lieu elles n'étaient pas interdites, qu'elles n'avaient pas à être justifiées. Parfois, je les sentais couler sur mon visage sans même savoir pourquoi, au nom de quoi. Je me demandais d'où elles venaient et quand la source en serait tarie. Je m'étonnais qu'un corps en contienne autant. Est-ce que les larmes appellent les larmes ? De quelles douleurs indicibles sont-elles le signe ? Un barrage se rompt et tout ce qui était contenu en amont s'écroule, ruisselle, dévale. Je sortais, titubante, dans la rue. Ça continuait malgré le regard des passants ; vite, je trouvais la place la plus obscure dans un café. Au début, je cherchais à les retenir ; j'avais honte, non de pleurer, mais honte de larmes injustifiées alors que tant d'horreurs ont lieu de par le monde. J'ai fini par les accepter comme un élément naturel, une sorte de pluie inévitable, quelque chose qui m'appartenait et sortait de moi, aussi inattendu que ces mots que je me surprenais à prononcer, qui flottaient dans l'air, sortis d'on ne sait quel endroit secret, étrangers, que je mettais un certain temps à entendre, à m'approprier, quitte à chercher longtemps ce qu'ils voulaient dire, pourquoi ils étaient là.

Ces larmes et ces mots, j'ai appris à jouer avec eux, les retournant dans tous les sens, les transformant, me laissant entraîner par eux dans des terres inconnues où je découvrais des paysages insoupçonnés : de la lande là où je croyais un verger, de la friche à la place du jardin potager. Alors que je pensais l'espace ordonné, immobile, bien clos dans ses murs, je m'apercevais qu'il n'en était rien : ma terre est en friche et il me revient de la cultiver à mes risques et périls. Parler, seule, à voix haute ; parler sans avoir de réponse, recevoir l'écho inconnu de ma propre voix étaient pour moi la règle analytique la plus difficile. Une torture que je m'infligeais puisque, elle, de son côté, n'exigeait rien. Je peux m'enfuir, pensais-je, elle ne me rattrapera pas. Elle n'a rien demandé et rien promis. Elle est simplement là. Elle m'a acceptée mais je craindrai longtemps – sans le dire – qu'elle me chasse et me ferme sa porte. Je l'appelle en moi-même « H », première lettre de son nom, ce qui devient vite « Hache », celle qui tranche, grâce à qui s'opèrent les séparations.

Ces rendez-vous réguliers, deux à trois fois par semaine, à heure fixe, ont rythmé ma vie pendant des années. Pourtant je n'en ai pas éprouvé la durée. Le plus difficile avait été de m'octroyer du temps et de l'argent. Cette seule décision déjà était inouïe comme le fait de garder secret ce qui se passait en séance, qui ne concernait que moi. Je constituais peu à peu mon territoire. Les modifications étaient imperceptibles mais continues. En moi, une petite plante, restée naine mais bien enracinée, commençait à se développer et à grandir. J'apprenais à la respecter et à en prendre soin : elle était entourée d'herbes folles ou nuisibles qui la dissimulaient et l'empêchaient de croître. Cette pousse timide se mettait à occuper du terrain. Cette croissance que je m'autorisais provoquait inévitablement des changements mais surtout une modification subtile de ma position intérieure ; je cessais de refuser de m'entendre et commençais à accorder du crédit à ce que je pensais ou ressentais.

À chaque séance, je retrouvais le dessin au crayon sépia placé en face du divan, des maisons étirées sur le haut d'une colline. Il constituait mon point fixe ; je le regardais pendant qu'alternaient paroles et silences ; je le regardais et cette attention libérait des paroles qui sortaient de ma bouche sans que j'y prenne trop garde. Mon regard détaillait les bâtiments, la ferme, l'étable sans doute, le grenier à foin et les cabanes à lapins que sais-je ? J'observais tous les détails et à la séance suivante je les retrouvais intacts. Ce dessin constituait mon repère ; il me soutenait à l'égal de l'analyste derrière mon dos dont il était inséparable.

Je remarquerais, plus tard, que chaque patient, qu'il soit ou non en analyse, se constitue son propre territoire, occupant toujours le même fauteuil s'il est en face à face ou adoptant sur le divan la même position, s'emparant du ou des même(s) coussin(s), le regard porté sur le même tableau, commençant la séance de la même façon. Ce n'est que vers la fin de l'analyse que ces rituels disparaissent peu à peu.

Par moments, je me traîne chez elle à grand effort, par moments je m'y précipite ayant besoin de dire un rêve, de faire part d'un éclairage surprenant, de me réapproprier ce pan de mon histoire qui m'apparaît sous un angle inattendu et de le relier à ce qui a déjà été formulé ou élaboré dans ce lieu où je me retrouve, où s'effondrent mes certitudes et se brouille l'image que j'ai de moi.

C'est laborieux et difficile de me laisser aller à penser, de laisser venir des paroles qui m'entraînent au-delà de moi-même, sans domaine réservé. Je touche au plus intime de moi, à tous ceux que j'aime et que je protégeais jusque-là ; j'ose dire l'inavouable, mes haines, mes rancœurs, mes frustrations, mes jalousies ; je franchis les frontières de la pudeur. Je brise les images.

Il y avait des périodes, au cours de cette analyse, où seuls subsistaient la désillusion, l'anéantissement de moi, une conscience aiguë de ma nullité. Est-ce que cela valait la peine de continuer de vivre ? Pourquoi ne pas suivre la rue jusqu'au fleuve et m'y jeter ? Un manque de courage ou les visages de trois enfants m'en empêchaient. Pourquoi est-ce si difficile de s'accepter telle qu'on est ? Comment réconcilier ce à quoi j'aspirais consciemment avec ces marques persistantes de l'enfance ? Où étais-je vraiment ? Comment me faire renaître ? Que faire avec tous ces bouts de moi ? Il a fallu du temps, de la patience. Pas seulement la mienne. Même s'il n'était pas directement concerné, celui qui m'accompagnait souffrait des inévitables retombées de ce que je traversais sans mesurer combien, pourtant, sa présence me soutenait. Vivre au quotidien avec quelqu'un qui est en analyse est éprouvant.

Je trouve étrange, aussi, tout au long de ce trajet analytique, d'être hantée par une personne qui ne m'est rien, avec laquelle il n'y a aucun partage, aucun dialogue véritable, dont je ne suis même pas sûre qu'elle pense à moi en dehors du temps sévèrement ponctué qu'elle m'accorde chaque semaine. J'ignore si elle m'aime tout en m'accrochant à cet espoir. Je lui livre le plus intime de mon être, je me mets à nu comme je n'avais jamais imaginé le faire et je ne la connais pas, je ne sais rien d'elle ou si peu. J'entends parfois le son de sa voix et ses rares paroles prennent une telle importance que j'en décrypte le sens encore et encore ; je rencontre parfois son regard, je suppose son ennui, son désintérêt ou sa brusque attention. Elle a l'air, selon les jours, enrhumée ou triste ou gaie ; j'observe la variété de ses vêtements, j'imagine sa vie, elle est derrière moi, si formidablement présente et si désespérément absente.

Je préfère au terme d'amour employé par Freud pour évoquer le transfert celui de confiance. Je sais, en parlant à Hache, que je me fie à quelqu'un qui ne va pas me trahir, se moquer de moi et des sentiments que j'éprouve, qui ne va pas me juger ; quelqu'un auprès de qui je puis m'abandonner aux courants qui me traversent. Et qui, malgré ce qui peut m'apparaître parfois de la rudesse, est de mon côté, reste envers et contre tous mon allié indéfectible. Quelqu'un qui accepte de jouer tous les rôles, d'occuper toutes les places que mon amour vagabond, prisonnier de ses premiers émois passionnels (amour, haine, colère, jalousie, peur, pitié, honte, tendresse...) va exiger sans toujours s'en apercevoir.

Il en va d'elle comme de ma mère, je ne sais pas si je l'aime ou pas ; est-ce d'ailleurs un sentiment ? C'est plutôt de l'ordre d'un constat : Hache est quelqu'un qui compte pour moi, la seule parfois parce que auprès d'elle se trouvent les sources de la vie, de ma vie. Est-ce que je compte pour elle ? Est-ce que c'est ça qui compte ? Ou n'est-ce pas de pouvoir enfin compter sur soi, se prendre en compte, exister ? Est-ce vraiment de l'amour, cette confiance, cet investissement déplacé, cette façon de prendre le leurre pour l'objet ? Peu importe. Je sais avoir eu besoin qu'elle envahisse mentalement mon espace pour qu'enfin j'apprenne à tenir debout et à marcher toute seule.

Cette forme si particulière de l'amour, cette confiance ne m'empêche pas de vivre ma vie mais, parallèlement, sous-jacente, une autre existence se déploie, mystérieuse et obscure, tout aussi importante que celle qui se voit. Le pivot en est cette personne avec laquelle j'ai décidé – même si c'est par obligation car c'est ça ou mourir à soi et continuer à traîner sa besace – d'entreprendre une analyse. D'une séance à l'autre, d'un rêve, d'un lapsus ou d'une association à l'autre, quelque-chose se trame ou s'élabore qui a peu à voir avec le quotidien ou la réalité. L'expression « travail analytique » traduit bien le fait d'être travaillé – corporellement, mentalement, affectivement – par tout ce qui s'élabore avec peine et la part active qu'on prend dans cette quête de soi-même. Je ne reste pas dans la soumission à ce que je ressens, je tente d'en comprendre le sens, de nouer, dénouer, renouer les mille et un fils qui apparaissent au travers des mots, des images, des rêves, des fantasmes, des souvenirs de tout ce dérisoire que j'ai voulu étouffer, oublier. Pour que la toile se dessine, que la tapisserie se tisse, pour trouver son chemin dans le noir des broussailles, il faut un témoin, un passeur, quelqu'un qui m'écoute et prend acte et dont la neutralité m'incite à aller jusqu'au bout de mon audace de pensée ; entre les mains de qui je me suis remise, avec qui j'ai passé contrat.

L'expérience analytique reste incommunicable. Ce qui en est restitué apparaît appauvri, desséché, compacté et semble schématique, parfois évident. L'abondance et la multiplicité des sources, les nombreuses associations, la densité des sensations, émotions, pensées, images sont impossibles à transmettre. Seul, celui qui a emprunté un chemin similaire peut comprendre. Pour rendre compte de ce qui se dit, se vit en analyse, il faudrait s'exprimer simultanément à quantité de niveaux et à partir de multiples entrées. On s'en approche, on transmet des bribes, on tente d'organiser ce qui a demandé des mois ou des années de tâtonnements. À l'obscurité des débuts répond l'infinie complexité des fins.

Pour parvenir au plus près de ce que j'étais, il fallait revenir à ce passé enterré, me séparer du poids de mon imaginaire, de mes fantasmes, reconnaître que je vivais en partie dans une rêverie chimérique qui me permettait de fuir la réalité. Il me fallait couper des liens insoupçonnés, en reconnaître d'autres, accepter de grandir, affronter la solitude et donc opérer des séparations.

Séparation d'avec la pensée magique : petite fille enclose dans un univers imaginaire où des personnages tout-puissants, sorcières, ogres, marâtres, dominent les petits enfants ; univers noir et blanc, sans demi-mesure où la mort punit la désobéissance aux parents, où un Dieu, qui ignore la bonté, interdit de suivre son désir, prône la soumission, indique le chemin qui vous est tracé. Les morts de l'histoire familiale – la jeune accouchée avec son nouveau-né, Favori et son martyre – se mêlent à ce monde fantasmatique, rejoignent Médée, Iphigénie, Cendrillon, la petite fille aux allumettes, Peau d'âne dans un mélange bizarre. La grand-mère, avec sa robe noire, son tiers ordre et son missel, reste, comme autrefois, la prêtresse-sorcière qui lance des anathèmes et des malédictions. S'opposer au père, à son saint nom, à sa foi et sa piété douloureuses, c'est, certes, renoncer à son amour, mais, surtout, sortir de l'ordre, se mettre en dissidence ; c'est être chassée du possible paradis et risquer la punition. À ces images enfouies que je trouve bébêtes quand elles surgissent en dehors de ma volonté s'adressent mes rites conjuratoires. Parmi eux, la tente imaginaire, sorte de yourte circulaire que je monte chaque matin dans le secret de mon esprit pour qu'elle protège l'homme et les enfants.

Séparation, abandon du rêve de communion où je découvre l'empreinte de ma mère et de sa nostalgie gémellaire. Le goût du même, du double dans le miroir trouve en elle sa source. Contrairement à ce que je croyais et pensais, la différence m'est ennemie. Mon mouvement profond me fait rechercher le semblable et ressentir dans toute divergence éloignement et perte. Coller à l'autre, sentir comme l'autre, être acceptée de l'autre, conformer son image à ce qu'il attend, telles sont finalement mes aspirations. Je me croyais rebelle, soucieuse d'affirmer ma différence, aimant choisir des voies non encore empruntées et je me découvre dans l'insécurité, recherchant le trio protecteur que nous avions formé avec mes sœurs, la matrice, qui avait partiellement comblé les manques de la mère. Je m'imaginais grande, j'en donnais l'illusion aux autres et à moi-même alors que, dans la réalité, j'ai toujours besoin d'être arrimée à quelqu'un, une sœur à défaut d'une mère, une amie « préférée » à défaut d'une sœur. Avec elles tout peut se partager. La mort d'une amie très chère d'un cancer foudroyant au début de mon analyse me fait comprendre la place attribuée à ces amies qui se sont succédé depuis mon adolescence. Elle, je l'avais rencontrée dès le premier jour des Langues orientales. L'acuité de son intelligence, son humour, sa sensibilité et sa tendresse cachée m'avaient séduite comme l'intensité bleue de son regard, ses lèvres minces, son teint aussi pâle que ses cheveux d'enfant. Elle était issue d'un milieu proche du mien, plus parisien, moins clos peut-être, mais qu'elle détestait autant que moi. Ensemble nous cherchions d'autres voies. C'est sur cette similitude que s'était construite une amitié complice. Sa mort, un abandon, signait la fin du couple sororal avec elle reconstitué.

Séparation, renoncer à la fusion mythique du deux en un. En deçà des apparences, au-delà de mes dires, pourtant sincères, mon modèle – le seul que je connaisse de près – est ce couple gémellaire que ma mère – me semble-t-il – avait voulu recréer avec mon père. C'est aussi celui des contes dont l'habituelle phrase de clôture : « Ils se marièrent et eurent beaucoup d'enfants » semble indiquer la poursuite continue de la félicité. Je rêvais de retrouver la tendresse oubliée des bras trop tôt ouverts de la mère, la protection du père de l'enfance et la sécurité des sœurs. Je demandais tout : le père, la mère, la fusion, la tendresse, le sexe, la nourriture intellectuelle. L'homme de ma vie devait remplir toutes les places, entendre cette demande exorbitante qui n'avait nul besoin d'être formulée puisque l'amour, cordon ombilical imaginaire, nous reliait, nous branchait l'un sur l'autre. Heureusement, lui ne jouait pas le jeu du gémellaire. Est-ce pour éviter ce piège que je l'avais inconsciemment choisi ? Il me fait expérimenter la différence, me renvoie dans mes buts, me fait ressentir son irréductible étrangeté, me montre que l'amour n'est pas l'aliénation de l'autre mais sa constante découverte ; il m'oblige à prendre la parole qui sépare et relie. J'accepte qu'il m'aime pour ce que je ne suis pas et je lui rends la pareille… nous nous manquons et cet espace devient celui de nos libertés. L'amour est une ronde incessante où se succèdent le désir de l'autre, son approche, sa rencontre, son manque. La solitude, jamais, n'est abolie ; je l'ai apprivoisée et j'ai appris à l'aimer et elle m'est devenue nécessaire.

Séparation d'avec la tyrannie de la perfection. Peut-être eût-elle été moins forte si le nom que je portais, qui m'avait estampillée, n'était point celui d'un saint ? Cette inscription couronnait et rendait logiques la rigidité de l'éducation, l'enseignement religieux où les saintes figures servaient d'exemples. Peut-être la petite fille modèle, chérie par son père, avait-elle approché cet idéal ? Par mon mariage, j'avais endossé un nom qui se situait dans un contraire et autorisait la vie et ses saletés, mais il n'avait pas suffi que je dissimule le premier sous le second pour que disparaisse en moi l'exigence première de perfection. L'écart entre la réalité et l'idéal me plongeait dans des abîmes où l'impuissance le disputait à la culpabilité et provoquait un immobilisme tenace, toute action se révélant inférieure à ce qu'elle aurait dû être.

Séparation avec la pensée magique ou religieuse. Je mêlais l'une et l'autre, comme je mélangeais la foi et l'émotion esthétique, l'histoire sainte, la beauté de certaines cérémonies religieuses, le son de l'orgue, le souvenir des processions et des reposoirs aux fleurs qui embaumaient. Je prends mes distances avec l'Église et ses commandements sans craindre la punition divine et la mort s'abattant sur ceux que j'aime. Je m'accorde le droit de penser, de réfléchir, de laisser l'interrogation se poursuivre sur l'existence ou non d'un Dieu.

Séparation enfin avec une structure de pensée héritée de la génération précédente. J'avais pris de la distance avec nombre des idées et des opinions de mes parents et de ma famille sur lesquelles j'avais pu exercer mon esprit critique et j'y voyais une preuve de liberté. Découvrir que j'avais conservé, avec un contenu inverse, le même mode de penser, la même structure mentale (esprit d'exclusive, rigidité, jugement sur autrui, sentiment de supériorité, absence de curiosité et d'admiration envers autrui) était une surprise désagréable.

Ces séparations nécessaires, une fois perçues, demandaient à être assimilées, intégrées, à ne pas rester du domaine du mental et du cérébral, à faire corps, et c'est ce trajet qu'aucun effort volontaire ne peut accélérer, qui demande du temps, celui de la maturation, de l'incorporation.

Dans l'après coup, ces années d'analyse m'apparaissent comme un voyage au long cours où je me suis aventurée sans cartes et sans itinéraires, sans même savoir où j'allais et si j'avais les forces requises. Seule la confiance que m'inspirait H. et celle qu'elle me renvoyait à sa façon, en retour, m'ont aidée à avancer, de me débarrasser des fantômes qui hantaient mes nuits et traversaient mes jours. Elle m'a permis de poser le pied sur une terre nouvelle et de la défricher. J'y ai retrouvé le désir de devenir à mon tour psychanalyste. Ainsi, s'effectue le passage, la transmission. Chaque psychanalyste est un malade « guéri » qui garde en lui les blessures de son enfance, dont les cicatrices sont sa mémoire.

Accompagner la re-naissance d'autrui, le soutenir dans la reconquête de lui-même, transmettre ce qui m'avait été donné devenaient mon projet. Rien ne me paraissait plus intéressant que la découverte du fonctionnement psychique et la plongée dans les aventures humaines, complexes, singulières et inédites, jamais banales. Il me semblait posséder, avoir développé ou acquis certaines des qualités nécessaires à l'exercice du métier parmi lesquelles l'écoute, la patience et le respect. Il me semblait aussi que j'avais suffisamment exploré ma propre histoire pour qu'elle ne vienne pas court-circuiter mon attention à l'autre. Je découvrais au contraire que plus je m'avançais en moi-même, plus je m'oubliais et devenais perceptive et disponible. Ayant touché terre après une longue et parfois douloureuse traversée, je voulais apprendre les règles, mieux connaître et repérer les chemins, bref me former pour devenir à mon tour accompagnateur.

Bien que continuant à travailler dans un autre domaine, je poursuivais ma formation à la fonction d'analyste, séminaires, stages en hôpital psychiatrique. Cela a duré jusqu'à ce que je m'estime prête et que j'accueille le premier de mes patients, envoyé par H.

Par bien des aspects, l'analyse ressemble à l'artisanat : les relations entre le maître artisan et son ouvrier, la lenteur du processus de formation, les interférences incessantes entre la formation pratique et la théorie, le travail sur mesure adapté à chacun. Ce premier patient me fondait, sans qu'il en sache rien, comme psychanalyste... Ensuite, les choses se sont enchaînées, le bouche-à-oreille a fonctionné. Curieusement, l'arrivée progressive des patients correspondait à ma capacité à les recevoir, leur nombre augmentant à la mesure de mes compétences.

Chapitre III

LES SÉANCES AU JOUR LE JOUR

Restituer la pratique du métier de psychanalyste se heurte aux mêmes difficultés que transmettre l'expérience de son analyse personnelle. Comment faire partager à celui qui ne l'a pas expérimenté les aléas de ce parcours particulier, ses lenteurs, ses culs-de-sac, les gouffres, les piétinements, les allers et retours, les dédales, les sentiers touffus succédant aux landes, les émotions et les passions, la réouverture des plaies enfantines oubliées ou méconnues ? Comment faire percevoir la relation étrange qui s'instaure entre l'analyste et l'analysant, les silences, les paroles et les émotions de l'un et de l'autre, ce partage des rôles où il est parfois difficile de démêler ce qui revient à chacun dans ce qui s'élabore, qui naît ou peine à naître ? Pour en rendre compte, il faut, sans cesse, aller d'un acteur à l'autre, pendant que des figures oubliées, des personnages présents ou passés, vivants ou morts traversent la scène et que la réalité se dérobe sous les fantasmes.

Après avoir emprunté les différentes étapes du chemin et tenté de restituer le quotidien analytique, j'esquisserai des histoires particulières permettant d'appréhender les enjeux de la séparation psychique et les lieux mystérieux où elle se situe.

Je parle en mon nom, à ma place, à partir de ce que j'ai perçu, compris ou partagé, à partir de mes doutes et de mes angoisses, de mes lenteurs à entendre, de mes ratés, des traversées qui ont échoué et de celles qui ont permis d'atteindre l'autre rive.

Nul n'oublie le premier patient dont il a dû, seul, assurer la traversée. La rencontre avec la réalité de l'individu, si différente des cas lus ou entendus, sa présence charnelle, son histoire à nulle autre pareille me confrontent au quotidien du métier et me renvoient à ma solitude. Être seule désormais, c'est aussi se débarrasser des images qui me traînent dans l'esprit, cesser d'évoquer des modèles paralysants comme mon ancien analyste, ce confrère aux exposés fascinants ou telle célébrité de la psychanalyse. Surtout, ne pas adopter une posture mais assumer qui je suis, trouver mon propre chemin, me fier à moi-même, à ce que j'entends, à ce que je pense et à ce que les lectures, les observations et connaissances accumulées m'ont permis d'assimiler comme le corps le fait avec la nourriture. Le confrère expérimenté qui soutient mes premiers pas joue un rôle de soutien, répond à mes questions, me bouscule parfois pour que ma pratique devienne vraiment mienne, que je me dégage des images exemplaires qui m'encombrent la tête, surtout dans les instants de doute et de déroute.

Les débuts de la pratique mobilisent mon esprit de façon extrême et la crainte de ne pas « entendre » ne facilite pas l'attention flottante. Je prends, en séance ou après, des notes abondantes pour n'oublier aucun détail... puis, peu à peu, je me fais confiance et j'acquiers une écoute moins crispée, plus baladeuse ; j'intègre enfin que je ne suis pas comptable de l'histoire des analysants, qu'elle n'appartient qu'à eux. Chacun élabore un récit dont le cours reprend à chaque séance. Récit souvent décousu, sans logique apparente, où les redites, les remaniements, les développements, les retours en arrière et les impasses sont incessants. Comme dans un roman complexe où tous les personnages, même les fantômes et les morts, seraient des êtres de chair et de sang.

Je découvre aussi, comme tous mes confrères sans doute, que je n'ai pas affaire – loin de là – à de simples demandes d'analyse et que certaines tournent court. Cette femme, par exemple, est partie après une série d'entretiens en face à face : « J'ai fait le ménage, je ne veux pas aller plus loin. C'est mon ami, passionné par sa propre analyse, qui veut que j'en fasse une. Je m'aperçois que ce n'est pas ma demande. » En vérité, souvent, ceux qui frappent à ma porte ne savent pas trop pourquoi ils sont là. Ils suivent une prescription médicale, un conseil amical, sont poussés par la curiosité, souffrent d'un inexplicable mal-être ou d'une maladie grave. Ils sollicitent un conseil, du soutien pendant un épisode dépressif ou une phase éprouvante de la vie ; ils cherchent la raison de leurs relations difficiles avec autrui, des obstacles rencontrés dans leur vie professionnelle ; ils s'interrogent sur les étranges répétitions qui jalonnent leur existence, sur certains symptômes physiques, sur leur relations amoureuses (et) ou sexuelles. Celle-ci au bord du divorce demande quelques entretiens, celui-là suit les conseils d'un ami ou celui d'un médecin ou est poussé par la curiosité (à quoi ressemble un psy ? quel type de dialogue peut-on avoir avec lui ? à quoi ça peut bien servir ?). Cette curiosité même, je la prends en compte ; elle portera, sinon ici, peut-être, plus tard, ailleurs, avec quelqu'un d'autre, ses fruits.

Certains ne comprennent guère ce qu'ils font là et sont sceptiques d'emblée. Ainsi cette jeune femme qui se plaignait de sa frigidité et de l'envahissement de son système pileux : « Ça n'est quand même pas parce que je vais parler que je vais jouir et que ça empêchera mes poils de pousser », disait-elle drôlement. Elle croyait obtenir une réponse immédiate à la question qui la taraudait : « Est-ce ma faute ? Est-ce celle de mon ami si je ne jouis pas ? » Rationnelle, elle s'agaçait de mon refus à lui répondre sur le plan où elle m'interrogeait. *A contrario*, ce jeune homme qui souhaitait débroussailler rapidement des choix professionnels a entrepris une véritable quête de lui-même, de ses origines, de son désir.

D'autres viennent « voir » avec l'espoir d'un miracle et l'exigence d'une « guérison » rapide. « Ça prendra combien de temps ? » « Il faut que ça aille vite ! » disent-ils. Leur souffrance, à l'origine ancienne, devrait être résolue quasi instantanément, magiquement, par la grâce de notre rencontre. Derrière toutes ces demandes gît une douleur parfois précise, souvent floue ou décalée car l'arbre cache la forêt. Tous, pourtant, les croyants, les naïfs, les sceptiques, les furieux, ceux qui ne peuvent articuler un mot comme ceux qui m'agressent ou me saoulent de paroles, aucun n'est là par hasard.

Ces demandes incertaines, étranges, contradictoires, masquées ne relèvent pas directement d'un désir d'analyse, c'est vrai. Pour ma part, je les ai toujours accueillies : rencontrer, laisser venir, donner la parole et la possibilité d'être écouté sans jugement ni humiliation. Peut-être ne nous verrons-nous qu'une fois, peut-être n'avons-nous rien à faire ensemble, peut-être est-ce pour lui ou pour elle un test, un moment de laisser-aller regretté et sans suite. Peu importe. Être là, c'est être une présence signifiante, le marquage d'une brèche, une ouverture. Le chemin que nous ferons ensemble sera-t-il bref ? Long ? Tumultueux ? Feronsnous naufrage ? Nul ne le sait encore ; l'avenir est ouvert, souvent imprévisible, il importe de faire confiance et laisser la possibilité de revenir.

Seule la relation que je parviens à tisser – quand c'est possible – permet de décrypter ce qui se cache derrière cette urgence douloureuse, où se situe la véritable demande, quels en sont les enjeux. Il faut, souvent, à ce stade, faire l'avance de la parole, tendre la perche pour que ce qui est sous-jacent parvienne à la pensée, puisse se formuler et franchir la barrière des lèvres. Pour que diminue la terreur et que nous nous apprivoisions l'un l'autre. Pour que vienne la patience et l'acceptation d'un temps psychique différent de l'habituelle temporalité. Les entretiens successifs laissent émerger, lentement, des mots venus de loin. Alors, il arrive que l'aide passagère se transforme en psychothérapie ou en analyse, que je puisse proposer un itinéraire et un cadre de travail commun.

Au début, nos univers sont, souvent, aux antipodes l'un de l'autre ; chez celui ou celle qui me fait face, la rationalité triomphe et clôt tous les espaces. Point de jeux de mots, de rêves, de fantasmes, de lapsus, mais le récit de la réalité quotidienne. On m'accuse de silence, mais chacune de mes interventions est incomprise et rejetée. Il faut nombre de séances, parfois des années, parfois plusieurs allers et retours, pour qu'il (ou elle) avance hors de sa coquille, que peu à peu naisse la confiance en lui, en moi. Il (ou elle) attend, son regard ne me quitte pas, m'absorbe, puise mon énergie et s'en nourrit. Le moindre changement de ton, d'attitude est interprété comme un rejet, un jugement, un abandon. Ce trajet – si long parfois ! – permet au patient de se décoller suffisamment de sa souffrance pour la reconnaître, savoir où elle se situe, pouvoir en parler et prendre vis-à-vis de lui-même le recul sans lequel nous sommes l'un et l'autre condamnés à l'impuissance : « Tu ne peux rien faire, disait un sorcier noir à Éric de Rosny, avec quelqu'un qui ne se parle pas. » C'est ce qu'exprime, à sa façon, cette patiente en thérapie depuis plus d'un an et qui venait de décider d'entreprendre une analyse : « J'ai toujours pensé que les choses arrivaient, c'est pour ça que je ne décidais pas ; je me laissais porter par l'envie des autres sans savoir que j'avais un pouvoir de décision… Avant, je ne savais pas que j'avais une place, je ne savais même pas que la question pouvait se poser. »

Ce type de travail – lent, apparemment ingrat – favorise chez le patient, sur un mode plus dialogué, une lente réassurance de l'être, un apprivoisement qui lui permet de s'approcher de lui-même et de son véritable questionnement. Il fait appel en moi à un mélange très particulier d'énergie et de patience. J'ai, fréquemment, l'impression de transfuser directement espoir et vie chez un individu en coma psychique

En principe, j'ai les cartes en main. Je suis supposée connaître tous les itinéraires, n'être ni surprise, ni déroutée par les embûches, prévoir toutes les étapes. Il n'en est rien pourtant et chacun m'oblige à déplier mes cartes, à les interroger, à les mettre à jour. Je ne peux m'y fier aveuglément mais elles me servent de repères et sans elles impossible de prendre la route. À quel moment mon écoute et mon interprétation risquent-elles d'être influencées par mon opinion ? Comment ne pas me laisser abuser par les étiquetages psychiatriques, sans cesse débordés, et poursuivre mon interrogation ? Ces récits d'inceste ou d'attouchements ont-ils réellement eu lieu ? Quel est le rapport du patient à la réalité de son histoire ? Chaque fois, j'ai recours à l'incessant travail d'introspection que nécessite ma place d'analyste, et qui m'évite d'être dupée. Une écoute attentive, l'habitude des travestissements, la perception des émotions, la modulation de la voix, les redites, les recoupements, les effets somatiques et psychiques qui apparaissent chez l'analysant sont autant d'indices qui comptent.

Elle me disait « savoir » que sa naissance et les difficultés éprouvées par sa mère au cours de la grossesse et lors de l'accouchement avaient interrompu toute relation sexuelle entre ses parents. Elle en ignorait tout dans la réalité mais l'affirmait avec beaucoup de force ; elle y percevait une des raisons de sa culpabilité et de l'attitude de son père et de sa mère envers elle et entre eux. Au début, je l'entendais à la fois comme un fantasme – une forme de toute-puissance – et une réaction œdipienne – la mère ne pouvant, selon elle, vivre l'amour avec le père ; ma prudence à la croire, qu'elle percevait, déclenchait sa fureur. Il m'a fallu un certain temps pour lui faire crédit et renoncer à mes doutes premiers. Ultérieurement, sa mère lui confirmait qu'elle était dans le vrai.

Il a pu, au bout de quelques mois, parler de l'abus sexuel que son père, divorcé, lui avait fait subir durant des années, tous les quinze jours, lors de la sieste du dimanche. Il s'est avancé précautionneusement, à petits pas, il avait très peur de ne pas être cru comme cela avait été le cas avec le psychanalyste précédent qui avait interprété ses propos comme la seule expression d'un désir œdipien, raison pour laquelle il l'avait d'ailleurs quitté.

La prise en compte de la singularité de chacun me contraint à repenser les règles de l'analyse (nombre, durée et rythme des séances). Cette femme est venue, longtemps, des années, tous les quinze jours seulement. Elle avait une sensibilité exacerbée, une grande fragilité émotionnelle et la peur de retomber sous une domination dont justement elle voulait se déprendre ; un mari, maître impérieux, occupait plus que sa place dans le couple et avait pris la suite d'une mère hyper-présente et dominatrice. Elle était passée d'une tutelle à une autre et cherchait, dans la douleur physique et une quasi-folie, l'issue de sa prison. Le rythme de quinzaine demandé par elle au départ et que je pensais avoir à modifier par la suite s'est révélé celui qui lui convenait. Chaque séance était une terrible épreuve ; il lui fallait, ensuite, du temps pour gérer ses émotions, se réapproprier son espace psychique et penser par elle-même tant elle redoutait de tomber sous une autre sujétion. Nous avons cheminé ainsi, avec cet espacement des séances, ce rythme régulier, le sien, auquel il a fallu que je m'adapte et qui ne l'empêchait pas d'avancer à son rythme de tortue : suivre une formation, retravailler, lâcher du lest auprès de son enfant, trouver une forme d'équilibre dans son couple avec un mari qui, maintenant, la respectait.

Certaines cures s'effectuent par étapes. Elles s'interrompent puis reprennent, s'étendant ainsi sur une longue durée. Les chemins de traverse, les petites étapes avec halte sont préférés à l'autoroute. Ainsi, un jour, on sonne à ma porte, à une heure où je n'attendais personne. Sur le seuil, un jeune homme que je ne reconnais pas immédiatement s'écrie : « C'est vous ! je vous ai retrouvée ! » Il était venu, deux ans auparavant – quelques séances –, puis avait disparu, absent au dernier rendez-vous. Par la suite, je lui avais envoyé un courrier pour lui dire que ma porte lui était ouverte au cas où, un jour... Il avait perdu ma lettre, oublié mon nom et mon adresse précise ; il avait fait toutes les portes de la rue pour retrouver le lieu, la cour, les plantes vertes. Deux ans s'étaient écoulés, il était désormais prêt à entreprendre une analyse.

Un autre jeune homme a effectué une analyse composée d'une série de séquences. Pendant chacune, il se pliait à la rigueur et à la durée des deux séances hebdomadaires, rêvait beaucoup, s'efforçait de comprendre l'origine des angoisses terribles qui le submergeaient et le paralysaient, l'empêchant d'aller à son travail, ou, s'il y parvenait, l'obligeant, le reste du temps, à se terrer chez lui, dans une solitude totale. Il se vivait alors comme un monstre. Lorsqu'il s'apaisait, avait des éléments de réponse, des pistes, il partait. Pour revenir deux ou trois ans après avec des symptômes et un questionnement identiques. Cela s'est reproduit quatre ou cinq fois : entre chaque séquence, sa vie repartait cahin-caha, puis l'irruption d'un élément inattendu le faisait buter sur la même question fondamentale, entrevue mais non résolue. Chaque séquence permettait d'approfondir ce qui avait été approché précédemment ; il quittait peu à peu l'univers désertique et obsessionnel qu'il s'était construit pour se protéger de toute tentation relationnelle ou sexuelle, de toute véritable réussite dans l'art qu'il pratiquait. Lorsqu'il revenait, il disait peu ou prou la même chose : « Je viens parce que je ne peux pas faire autrement. Au début, je croyais que ça conduisait quelque part. Maintenant, je sais que ça ne va pas vers quelque chose de pré-inscrit mais que c'est un chemin vers mon espace de liberté. Je viens pour ça. » C'est, je crois, cette liberté possible dont il a peu à peu fait usage, pour penser ce qu'il tentait de ne pas penser, voir ce qu'il ne pouvait voir, vivre ce qu'il se refusait de vivre. Il eût été parfaitement vain de le persuader de continuer la cure quand il décidait de l'interrompre ; c'était à coup sûr le voir partir sans retour. D'ailleurs, durant les périodes d'absence, seul et à sa façon, il la continuait.

Je ne crois pas avoir exercé une contrainte ou fait peser une culpabilité sur un analysant souhaitant interrompre ou suspendre sa démarche. Même si les raisons invoquées me semblaient plutôt l'expression d'une résistance à la cure (ce que j'exprimais d'ailleurs), il m'a toujours importé de reconnaître à chacun ses propres capacités à apprécier le temps nécessaire à l'intégration d'un autre regard sur son histoire, sa problématique sexuelle, sa vie présente, ses relations à autrui. J'ai toujours respecté la décision de ne plus toucher à rien, de refermer la porte entrebâillée, ou de choisir un rythme particulier pour nos échanges. Au seuil du départ, cette jeune femme me remercie d'avoir accepté ses allers et se retours qui se traduisaient par de longues absences, notamment à l'étranger : « Vous n'avez pas tenté de me maîtriser et du coup je n'ai pas cherché à m'échapper comme vis-à-vis de mes parents. Je n'ai pas eu le sentiment d'être coupable envers vous, même si je partais pour un an ou plus, que j'allais au bout du monde vivre des expériences variées. De cette façon, bizarre, inhabituelle, non conventionnelle, je me suis réorganisée psychiquement. »

Le voyage analytique

La parole, le silence, l'écoute, le transfert et le contre-transfert constituent à la fois les outils et les provisions, « le viatique » – comme on disait jadis – de ce voyage analytique dont nous ignorons, l'analysant et moi-même, le contenu la durée et la destination exacte. Si je cite, par souci de clarté, les « outils » de ce voyage, ils ne correspondent pas pour autant à des périodes déterminées. À tout instant, ils se mêlent, ils se nouent dans une configuration toujours nouvelle. On ne peut évoquer le silence sans la parole, la parole sans l'écoute, etc.

« Le temps des cris et des pleurs »

Les places sont déterminées à l'avance : il y en a un qui parle et un qui écoute. À vous *la parole* ; à moi de favoriser sa naissance, de la recueillir, de la soutenir. Et de la prendre, aussi, à bon escient, en suggérant une interprétation ou en laissant jaillir des mots nés de votre écoute. Deux exemples : cette brillante et belle jeune femme sait qu'elle ne pourra jamais être mère ; elle change assez souvent de partenaire et celui avec lequel elle entretient une relation quand elle vient me consulter pour la première fois l'entraîne dans des expériences sexuelles à plusieurs qui l'attirent et la révulsent à la fois. Je m'entends lui interdire d'y participer, prise de position impérieuse et soudaine qui m'est inhabituelle car, ordinairement, je me questionne d'abord sur ce que j'entends. Elle m'en sera très reconnaissante, vivant cet interdit à la fois comme un repère et une reconnaissance de la valeur de son être. Autre exemple : cette jeune femme suivie des années auparavant avait déjà subi un avortement ; elle revient me voir, à nouveau enceinte d'un compagnon récent sur l'aide de qui elle ne peut guère compter. Elle hésite : garder l'enfant ? Avorter ? La parole qui me vient : « Vous pouvez être une bonne mère ! » l'éblouit ; elle peut ne pas être comme sa propre mère ; elle décide de garder l'enfant et se confronte à une dure réalité. Mais cette maternité transforme sa vie.

Je vous offre la place et le temps, ne m'étonne pas des redites, des balbutiements, des cris et des pleurs. Je vous accompagne dans vos méandres et vos détours, vos sauts à travers l'espace et le temps, vos étonnantes trouvailles langagières, l'apparition de vos fantômes, la violence et la crudité de vos propos.

On imagine parfois – à tort – le patient arrivant la haine et la revendication à la bouche, déversant ses rancœurs, accablant ses parents de tous les maux. Combien de temps faut-il, au contraire, pour qu'il exerce envers eux une certaine liberté de penser et qu'il ose toucher au lien qui les noue. La force de l'attachement, parfois proche de l'enchaînement, et la complexité des imbrications psychiques et affectives sont telles que toute remise en cause met l'analysant lui-même en péril. Les sentiments de trahison et donc de culpabilité s'additionnent et s'entremêlent. Seul le crédit qu'il parvient à s'accorder lui-même par le biais des paroles qui lui viennent, les rêves, les lapsus, les souvenirs, les associations d'idées, les émotions qui le gagnent, ainsi que la confiance qu'il a dans mon écoute, mon absence de jugement, ma neutralité, l'y autorisent peu à peu.

Il ne s'agit pas, dans la grande majorité des cas, de désigner un coupable mais de comprendre et mettre au jour la complexité des liens, des mécanismes, des positions, des paroles qui ont abouti à tant d'épreuves et de douleurs. « Finalement, j'ai toujours tenté de porter secours à l'enfant que j'ai été », dira cette femme tandis qu'une autre constate : « Quand nos mères n'ont pas su nous mettre au monde autrement que physiquement, quand elles nous ont assassinées parce que nous ne remplissions pas leur désir, c'est à nous de nous accoucher de nous-mêmes. » Souvent, l'histoire familiale se répète sur plusieurs générations où le poids d'un secret répand son poison. Lorsque j'entends en début de cure « j'ai eu une enfance très heureuse » ou « j'ai une famille ordinaire et sans histoire » ou encore « mes parents sont merveilleux, je les adore », je sais qu'il sera difficile de faire tomber l'illusion paradisiaque ou de déceler le ver dans le fruit de ce vert paradis. Ainsi, l'amour immodéré de ce jeune homme pour son père, mort alors qu'il n'avait que dix ans dissimulait-il la peur et la haine qu'il lui avait inspirées et les vœux de mort qu'il avait formulés à son endroit juste avant qu'elle ne survienne accidentellement. Le sentiment de sa toute-puissance le disputait à une terrible culpabilité handicapant toute relation à autrui. Il vivait reclus, dans une chambre tapissée des portraits de son père.

Certains fantômes rôdent et pèsent jusqu'à ce qu'ils soient démasqués : ainsi cette jeune femme, dépressive, sans goût pour la vie, enfant unique née après sept avortements, finit-elle par s'écrier : « Pourquoi ai-je été sauvée ? Pourquoi moi ? Tous ces morts, ces bébés ratés font partie de moi, pèsent sur moi… Comment m'en libérer ? »

L'histoire de Gabrielle met bien en évidence l'imbrication des inconscients, le lien entre l'histoire présente de l'individu et celle d'un passé tu et dénié. Après plusieurs relations sans importance, Gabrielle s'est mariée avec un homme qui a sept ans de plus qu'elle. Elle s'interroge sur sa relation conjugale où la sexualité tient une place très mineure. Elle et son mari se sont créé un langage commun, jouent ensemble, se donnent des prénoms absurdes, se câlinent, se disputent, régressent, ils vivent dans une bulle, un monde enfantin et fraternel. Il n'a pas de sœur ; elle n'a pas de frère. Quoique… Au cours de nos échanges

Gabrielle raconte que quand elle était enfant, elle s'était inventé un grand frère, secret compagnon de ses jeux, confident, qu'elle retrouvait avant de s'endormir le soir dans son lit. Ultérieurement, ayant questionné sa mère, Gabrielle apprendra que celle-ci avait eu, avant son mariage et sa naissance, une relation amoureuse importante. Enceinte, abandonnée par son amoureux, la mère avait choisi d'avorter mais pensait toujours à cet enfant non né. Elle était sûre que c'était un garçon. Cette histoire se passait six ans avant son mariage, sept ans avant la naissance de Gabrielle.

Chacun a ses images : labyrinthe, puzzle, tableau, cacophonie, bazar, tricot, collage, motte de terre ou bloc de pierre... L'analysant manie et remanie sans cesse les mêmes matériaux, échafaudant des constructions qui s'effondrent, dont il ne reste parfois que quelques éléments utilisables ultérieurement. Ce qui s'est lentement construit, à son insu, résiste à se laisser ébranler car il est plus attaché qu'il ne croit à ce qui l'a fait vivre jusque-là et plus encore à ce qui l'a fait souffrir. Il s'irrite lui-même de sa lenteur, il voudrait aller vite, sentir le terme approcher et, alors qu'il se croit près du but, voilà qu'il découvre une piste nouvelle ou qu'une perspective inattendue le contraint à refaire un bout du chemin qu'il croyait avoir balisé. « Je regarde avec terreur ce par quoi je suis passé sur le divan », m'écrit cet ancien patient.

Cette lenteur exaspère parfois car elle s'oppose à la rapidité de l'esprit, au désir de « guérir vite », à l'urgence que certains ressentent et sur laquelle ils s'interrogent : « Il faut que je fasse tout vite, me dit cette femme, il y a urgence ; je parle vite, les paroles s'écoulent à toute allure, ne restent pas dans ma bouche (ma grand-mère a fait un cancer de la bouche) ; il faut que la pensée s'évacue par les paroles que je dégueule. » Elle découvrira le bienfait de la lenteur et le plaisir du silence – il dure parfois toute la séance – qui l'apaise comme un temps-cadeau qu'elle s'offrirait et qui lui permet de trouver une parole autre : « Je dois me taire en analyse parce que je dois dire. »

Le trajet analytique reste un objet de fantasmes, imaginé comme une démarche purement mentale, une période de mise entre parenthèses de la vie ou une sorte de chasse au trésor, comme l'indiquent ces différents propos tenus par les analysants : « Pour moi, c'était d'abord une démarche intellectuelle où il fallait faire preuve des qualités de son esprit... Quelque chose en moi refusait de m'écouter : c'est très bizarre de se découvrir inconnu. »

« Au début, j'attendais un résultat. Dès que j'entreprends quelque chose, c'est ça qui m'intéresse, c'est mon côté pragmatique... Je croyais qu'on cherchait quelque chose, qu'on le trouvait et que c'était fini. L'analyse était une sorte d'immense parenthèse de vie. Je découvre que c'est la parenthèse qui importe. Ce mot ne convient pas ; ce serait plutôt un cheminement au cours duquel j'abandonne, je découvre, j'invente et crée, je commence à vivre pour de vrai. »

« Je m'étais fixé un terme, un ou deux ans ; je m'inquiétais au début de la lenteur de ce travail... maintenant ça n'a plus d'importance ; c'est possible parce que je souffre moins ou différemment : ça n'est plus que par moments que c'est la vie ou la mort. »

Tout changement, toute modification psychique durable exige un temps qui a peu à voir avec la chronologie et qui ne peut ni ne doit être accéléré de manière artificielle. Pour autant, la vie n'est pas suspendue et des transformations ou des mutations, heureusement, s'y inscrivent et balisent le chemin. Ces paroles émises par diverses personnes en cours de cure le font entendre :

« Je commence à me voir dans la glace... me voir ça veut dire me plaire. Jusqu'à maintenant, je me regardais pour chasser mes défauts, mes cheveux crépus trop courts, ma peau trop foncée. Pourquoi les autres étaient blancs et pas moi ? »

« J'ai encore du mal à faire coïncider maturité et féminité. Ma mère m'a légué une féminité enfantine, sensible, souterraine. Pour m'accomplir comme femme, je me tourne désormais vers mon père... et s'il ne m'est d'aucun secours, je serai à moi-même mon propre père. »

« Je cherche une liberté à l'inverse de la maîtrise si forte de mes parents, de la famille au sens large. Cette maîtrise, je m'en rends compte, existait davantage dans ma construction imaginaire que dans la réalité. J'y succombais malgré mes tentatives de libération, mais celles-ci étaient ponctuelles, superficielles, provocantes, événementielles. L'analyse me permet une réorganisation psychique profonde. »

Quoi qu'il en soit, la durée de l'analyse reste et restera sans doute incompréhensible à tous ceux qui n'en ont pas fait eux-mêmes l'expérience, qui ne perçoivent pas la lenteur des processus psychiques et de la modification intérieure. Cette durée conforte le scepticisme sur la validité d'une démarche qui, de surcroît, plonge l'analysant, des jours durant, dans l'hébétude ou la nuit d'abîmes sans fond. Accéder à une position de sujet, tenter de trouver un sens à sa vie et à ses relations aux autres et à soi-même sont forcément un travail de longue haleine, parfois très douloureux.

« Votre silence est troublant »

Le silence est le contrepoint de la parole. Son inverse qui favorise sa naissance mais peut aussi la bloquer définitivement. On nous en fait souvent reproche. Récemment, une amie me faisait part de l'expérience de son fils qui se décidait, enfin, à consulter. Il a été reçu par un thérapeute totalement silencieux durant trois séances, au point d'en être découragé. Combien de patients avons-nous reçu les uns et les autres qui, après des tentatives semblables et parfois bien longues, nous disaient : « Je veux quelqu'un qui me parle. Est-ce que vous, vous me parlerez ? » Il y aurait ainsi une sorte de partage entre les psychanalystes qui pratiquent le silence intégral et ceux qui manient autrement l'alternance de la parole et du silence. La différence serait peut-être à effectuer à un autre niveau entre les patients qui ont, dès le départ, une demande d'analyse, qui sont des analysants avec ce que ce terme évoque d'activité personnelle dans le processus psychique engagé, et ceux, plus nombreux, qui viennent demander aide sous le coup de la douleur.

La parole pour accueillir, pour aller au-devant de l'autre permet que se crée le fil relationnel. C'est une parole-signe qui prouve que l'on attend et espère quelque chose de l'autre, sans que ni cette attente, ni cette espérance n'ait un objet précis ; parole qui conforte le demandeur dans sa place de sujet alors qu'il s'éprouve fragile et défaillant. Après, vient effectivement le temps du silence créant un espace dont le patient s'empare insensiblement, qu'il fait sien peu à peu. Où naît sa parole à lui que je n'ai qu'à soutenir, à relancer, manifestant que je l'entends et l'écoute.

Ce silence, à condition qu'il ne soit pas vide, que je ne m'en absente pas, est indispensable ; c'est à partir de lui que naît enfin la parole. « Votre silence est troublant. De vous, je dois apprendre par le silence comme si vous étiez à la fois là et absente. Ici c'est un lieu psychique », dira cet homme au bout de quelques mois. Le silence s'apprend et se goûte : « Pour sortir de la fusion avec ma sœur, il fallait ce temps et surtout ce silence. Celui que j'ai appris ici. Ce silence comme une coupure, une rupture pour que nous puissions, un jour, peut-être, nous rapprocher l'une de l'autre sans que je me fasse avaler. »

Le silence pour découvrir et arracher le masque que sont parfois les mots. Cette femme par exemple qui, à peine allongée, ne s'accordait aucun répit et remplissait l'espace jusqu'à l'issue de la séance, pour laquelle toute interruption était une agression, découvre que le verbe qu'elle manie à la perfection, avec intelligence et subtilité, lui est une arme contre autrui, contre les hommes en particulier. Cette arme lui a permis d'exister socialement et de réduire l'autre à son pouvoir. Au fil du temps, il y eut des séances entières de silence, seulement troublé parfois par l'écoulement des larmes ; elle s'y reconstruisait et disait : « Je n'ai plus l'impression, quand l'autre parle qu'il me prend la place », et ajoutait : « Le silence m'a également appris l'écoute et je découvre à quel point je passais à côté des gens, je pars à la découverte de l'humanité… »

Le silence peut être riche de connotations positives, offrande, cadeau, signe que rien ne presse, qu'on n'est pas dans l'urgence, qu'on peut s'accorder du temps pour penser et sentir. Il arrive même que cet homme, si soucieux d'efficacité, persuadé que les pauses de sa voix sont du temps perdu : « Je suis là pour parler et si je ne dis rien, je perds de l'argent ! », se mette à l'apprécier.

J'apprends à décrypter les silences ; les pesants, signes d'un blocage, d'une agressivité qui ne parvient pas à se formuler, d'un secret trop difficile à exprimer, d'une clôture ; les vides, blancs comme l'absence de pensées et d'images ; les pleins, réparateurs, grâce auxquels l'analysant se retrouve, se reconstruit, auxquels il s'autorise, auxquels il prend goût et que je respecte.

« Facile votre métier, vous ne faites qu'écouter ! »

L'écoute analytique est particulière par son ouverture, son absence de jugement, sa plasticité. J'écoute et mon esprit se laisse envahir par l'autre ; je m'imbibe de lui sans me laisser totalement absorber et égarer car nous ne serions alors plus qu'un et je me perdrais en lui. Je ne suis ni l'ami compatissant, ni l'interlocuteur avide de donner des conseils ou de faire part de ses propres avatars. Je suis avec l'autre, quasiment en lui et pourtant je suis différente, ailleurs. Je ne m'arrête pas au contenu, prête attention à la musique des mots, au phrasé, au vocabulaire et à la voix, ses mutations, ses brisures, son ton. La voix nasillarde, plaintive ; la voix haut perchée ; la voix qui hésite, trébuche, s'enferre, qui s'écroule dans un sanglot ou sombre dans le rire. Rire qui n'est pas toujours de joie. Celui de cette jeune femme, par exemple, tendu, nerveux, signe d'une tension et parfois de réel désespoir. Le rire de défense, muraille contre la douleur, qui résonne comme des pleurs proches et étouffés ; le rire « je vais bien », « ça n'est pas grave », « ne vous faites aucun souci pour moi »... Le rire qui éclate parfois, le fou rire joyeux qui se communique et nous voilà partis ensemble dans cette joie formidable qui irrigue et irradie.

Assise derrière l'analysant, mon écoute s'exerce à différents niveaux. Mon esprit se branche sur lui – empathie et disponibilité –, je respire avec lui, fais silence avec lui, m'éprouve en lui, pars avec lui dans le fantastique du rêve, le mystère du songe, l'horreur du cauchemar. Je lui fais place. Je tente d'entendre et de comprendre ce qu'il dit dans sa langue toujours étrangère à la mienne.

Mais je reste moi ; les paroles qu'il prononce, ses émotions que je perçois provoquent un écho, suscitent des images, des sensations et des sentiments dans la partie souterraine de moi où je suis tapie. Je les observe, je les prends en compte ; ils m'éclairent sur le personnage de son histoire dont il me fait sans le savoir jouer le rôle ou (et) me renvoient à ma propre expérience de vie, mes fragilités ou mes blocages. Au cours de la séance ou après, je retourne en moi-même : ce que j'ai ressenti, si je ne l'élucide pas, si je n'en fais pas le tri, peut freiner, bloquer ou au contraire libérer notre travail commun.

Enfin, mes pensées restent en éveil, s'interrogent sur la pathologie, enregistrent les contradictions, recueillent des indices, opèrent des recoupements, notent les mots et les sons, relèvent les lapsus, travaillent comme s'il s'agissait de décrypter un hiéroglyphe, de rassembler des signaux, d'ouvrir des pistes qui feront, à terme, de cette histoire, une autre histoire.

L'écoute est plus aisée lorsque l'analysant est allongé : je peux fermer les yeux contrairement à ce qui se passe en face-à-face, quand le regard de l'autre est accroché au mien ; c'est un fil tendu entre nous qui le maintient.

Lui : « Je ne peux pas aller sur le divan, je ne supporte pas ; j'ai le sentiment – je sais que c'est faux – que vous préparez en douce quelque chose derrière mon dos. Ça me rappelle mon beau-père... En face-à-face, je vous surveille et rien ne m'échappe même si je n'ai pas l'air de vous regarder. » Quand il parle, sa main droite virevolte à la hauteur de son visage, son bras s'étend ou se dresse, parfois les deux bras ensemble et les mains s'ouvrent et se ferment comme des fleurs ou des papillons. Les bras et les mains dansent ; ballet lent ou rapide ponctuant les mots qui se précipitent... parfois le regard se fixe à la recherche d'un mot plus précis pour exprimer ce qu'il veut dire et comme ce qui lui vient évoque immédiatement autre chose, il s'arrête, repart, fait des bulles comme dans une bande dessinée sans jamais se perdre dans ce labyrinthe. Sa crainte, c'est que moi, je m'y égare, d'où ce besoin de m'observer. L'autre jour, il pleurait en parlant sans essuyer ses larmes ou seulement de temps en temps du plat de la main. Il ne se cachait pas, il ne s'exhibait pas non plus ; les larmes coulaient, le désespoir coulait.

Un autre analysant, comme celui qui précède, abusé par un adulte durant son enfance, éprouvera la même méfiance-répulsion envers le divan : « Je suis perdu sur le divan, j'ai pas confiance ; quand je vous vois, je m'accroche à vous. »

Presque jusqu'au terme de la cure, cet homme d'âge mûr aura eu besoin de mon regard : « Si vous êtes triste, je ne le supporte pas. Ça remet tout en cause pour moi. Quand vous m'ouvrez la porte, je vois tout de suite votre état... Tout à l'heure vous aviez l'air préoccupée... C'est ça qui m'agace si je retourne sur le divan… Je ne pourrai plus guetter ou deviner l'effet de mes paroles sur votre visage, votre attitude. »

Cette jeune femme, au contraire, a voulu s'allonger dès le début de la cure, comme si utiliser le divan marquait bien qu'il s'agissait d'une analyse ; à peine est-elle étendue qu'elle entre dans l'univers de la pensée et de la raison où on ne s'abaisse pas à relater des faits, où règne l'intellect et d'où tout affect est banni. Curieusement, elle s'était mise à rêver beaucoup, et ses rêves qui remplissaient les séances m'apparaissaient étranges, construits, comme des rêves-cadeaux pour l'analyste. Un jour, plusieurs mois après le début, je lui ai demandé de s'asseoir pour que nous parlions de ce qui se passait, de l'impression que j'avais d'un personnage jouant parfaitement son rôle. Cet entretien en face-à-face a été déterminant et nous avons poursuivi sous cette forme, un an durant, avant qu'elle ne retrouve le divan pour une plongée autrement plus dense, périlleuse et fructueuse que la précédente. Le face-à-face, le dialogue lui avaient permis d'abandonner peu à peu l'image fausse qu'elle se faisait d'elle-même et que, bien sûr, elle présentait aux autres.

Le regard soutient, maintient, reconnaît l'existence de l'autre. « Vous me regardez et vous ne me jugez pas… ça me touche tellement. Ça me bouleverse, on me regarde pour la première fois. Ici, pourrais-je renaître ? » dit cet homme jeune, vieilli avant l'âge, en émettant un curieux son cristallin, aigu, enfantin. Le face-à-face est nécessaire, durablement ou non, avec certains patients. Pour ceux qui peuvent la vivre, l'expérience du divan inscrit la distance, favorise le surgissement de l'inconscient, facilite les projections et les fantasmes et permet à l'analysant d'aborder des sujets, pour lui, honteux.

Maintenir ces trois niveaux d'écoute (laisser les paroles du patient entrer en moi et percevoir ce qu'il ressent – être sensible à l'effet que ses paroles ont sur moi – garder ma pensée et ma réflexion en éveil) mobilise l'esprit, le rend agile, c'est une des spécificités de notre activité évidemment inconnue des patients. « Facile votre métier, vous ne faites qu'écouter ! » me dit l'une tandis qu'un autre me plaint : « Mais comment faites-vous pour entendre à longueur de journée le malheur des gens ? »

Les plans différents où s'exerce l'écoute réagissent entre eux et se bousculent mais tout ce qui me traverse est au service de la cure. Il arrive que la douleur de l'allongé me submerge ou que je réagisse à sa provocation, que ses propos heurtent les valeurs dont je me réclame, suscitent de la résistance et gênent mon écoute ou, tout simplement, m'atteignent par surprise.

Je me souviens de quelques exemples parmi d'autres : Le lendemain du 11 septembre 2001, deux jeunes hommes manifestent une joie que, tout en gardant le silence, je trouve difficile à entendre. Tous deux avaient déjà, à plusieurs reprises, manifesté leur antiaméricanisme. Passé les considérations sur le bonheur d'assister à la faiblesse du géant américain, l'un et l'autre ont gardé un long silence, d'où émergent pour l'un l'humiliation dont il était l'objet de la part de son père et pour l'autre les souvenirs de maltraitance dans les différentes familles où il était placé enfant.

Cette femme, la quarantaine, vient de s'étendre sur le divan, après une première période en face-à-face, Elle laisse échapper son mépris et son désintérêt pour sa fille, la persistance de la répulsion ressentie lors de sa naissance. La violence du ton et des paroles me poignarde, je souffre physiquement tant je me sens du côté de la fille et hostile à la mère, position que je dois évidemment rétablir. J'ai du mal à me distancer, à mettre de côté mon émotion, à ne pas me laisser envahir par l'antipathie, à rester neutre et disponible, à laisser s'écouler ce qu'elle a à dire sans qu'un jugement de ma part, même non exprimé, en freine l'expression. Par la suite, tant de choses seront à entendre et à comprendre : la haine des femmes comme héritage de la lignée maternelle, la ressemblance de cette fille avec un membre précis de sa famille et surtout le mépris inconscient éprouvé envers sa propre féminité.

Cet homme m'agresse dès le début de la séance : « Vous êtes vieille, sale, décharnée… » Il détaille tous les traits qui en moi lui répugnent. L'attaque est percutante, inattendue, si personnelle que sur l'instant le souffle me manque. Pour un peu, je me serais levée et l'aurais flanqué à la porte ! Respirer, me calmer me permettent d'entendre à un autre niveau : À qui s'adresse-t-il à travers moi ? Pourquoi cette haine méprisante ? Cette provocation ? Cherche-t-il à me mettre en colère et à se faire rejeter ? À quelles sorcières de son enfance sont destinées ces injures ?

Les premières paroles de cette jeune femme : « Je compatis au deuil qui vous frappe » font surgir mes larmes. Je m'y attendais si peu, comment a-t-elle su ?

Brusquement la réalité extérieure que je m'efforce de laisser à l'extérieur de mon bureau a fait irruption.

L'amour, la haine et la jalousie

Le lien particulier d'amour, fondé sur la confiance, que l'analysant éprouve envers l'analyste est appelé *transfert* parce qu'il déplace sur sa personne les sentiments éprouvés autrefois envers son entourage primitif (père, mère, sœur, frère, etc.) ou envers d'autres figures ultérieures de son histoire (amis, supérieurs hiérarchiques, institutions, etc.). À partir de la confiance première qui permet au patient de s'exposer, le transfert se déploie, s'intensifie, se transforme, bascule entre haine et amour, agressivité et tendresse. Il constitue le ressort de toute cure, l'outil principal, son lien indispensable. Aucun travail analytique n'est possible s'il ne naît pas, fût-ce sous sa forme négative, c'est-à-dire l'hostilité.

Le transfert est complexe ; il varie non seulement d'un individu à un autre, mais aussi d'un moment de la cure à un autre et même en cours de séance. Il peut se traduire en actes : fleurs, chocolats, livres, œuvres personnelles, déclarations enflammées… ou, au contraire, en absence non motivée aux séances, silence buté, violences verbales, scènes de jalousie, etc. « Vous m'avez dit au revoir très rapidement à la dernière séance, vous aviez hâte de retrouver la personne suivante, sûrement beaucoup plus importante que moi », dit celui-ci, tandis que celle-là s'inquiète : « Comment faites-vous pour recevoir ainsi des gens à longueur de journée ? Vous ne les confondez pas ? » Sous une apparente sollicitude, j'entends bien le reproche et la crainte de ne pas être écoutée comme elle voudrait l'être ; elle perçoit dans le fait de ne pas être unique ou préférée le risque d'être « noyée » dans l'ensemble indifférencié des analysants.

Quant à cette très jeune fille, son visage est resté longtemps figé dans une dureté hostile, elle paraissait chaque fois de très mauvaise humeur. J'avais l'impression de devoir apprivoiser un animal sauvage, pris au piège. Ses yeux ne me quittaient pas.

Elle m'épiait, ravie quand elle pouvait déceler une défaillance : « Je vous endors… si… si… vous avez fermé les yeux », « vous vous ennuyez, vous avez envie de bâiller », « je vous agace », « vous avez changé de fauteuil pour être plus haute que moi, pour m'écraser ». Parfois, ses traits se détendaient, la statue se revêtait de chair, de sang et de peau, elle reprenait vie… le regard cessait d'être meurtrier. Elle devenait très belle. En fin de séance, elle appartenait à nouveau à l'humanité. Quelques jours après, il fallait tout recommencer. Le rocher de Sisyphe. Comment à partir d'une confiance parcellaire, fugitive, constituer un lien suffisamment solide et durable pour nous relier l'une à l'autre ? Ébaucher une relation qui permette de ramener la vie, cicatriser les plaies, recoller des morceaux ? La patience dont il faut alors faire preuve est celle du jardinier qui sans cesse observe, émonde, coupe, arrose, déplace, sème, plante…

Même si aucune cure n'est réductible à une autre, on repère des temps successifs durant lesquels le transfert se modifie. Après une première phase où s'établit peu à peu la confiance et qui, pour certains, les plus blessés, les plus abusés peut durer très longtemps, le transfert se développe et l'analyste est perçu comme un personnage immense et puissant, une sorte d'image parentale fortement idéalisée.

Cette période, le centre de la cure, permet l'expression de pensées, mots, lapsus, rêves, fantasmes surgis de l'inconscient. Le transfert y est très actif, l'analyste servant de leurre au patient qui lui fait jouer, successivement ou en même temps, différents rôles. Grâce au soutien de l'analyste, l'analysant s'aventure alors audacieusement dans son histoire personnelle, celle de sa famille ; il commence à jeter un regard différent sur ce qui étayait sa vie. Cette phase de déconstruction, puis de régression est éprouvante pour les deux parties, parfois angoissante pour l'analyste car lorsque l'analysant perd ses repères habituels, ce à quoi il se rattachait et qui le faisait vivre, il est dans un dénuement terrifiant, une sorte de rien absolu, un vertige mortifère, voire suicidaire. Cette interrogation radicale précède un autre temps, celui de la reconstruction. Mais encore une fois, cette description reste trop générale et schématique et ne rend pas compte des itinéraires individuels.

Quelle que soit la durée de cette partie du trajet, je dois être vraiment là, pour accompagner, montrer que j'entends l'horreur et la peine sans consoler, banaliser, rassurer de façon artificielle, car, alors, je tiendrais davantage compte de ma propre angoisse que du chemin particulier de l'analysant. La détresse du patient, la peur qu'il commette un geste irréparable ne doivent pas m'inciter à colmater, refermer artificiellement les béances ou hâter le lent travail. C'est là où se mesure la nécessité d'avoir soi-même été analysé. Pour décrypter ce qui se passe, supporter les manifestations du transfert et assurer l'analysant comme le guide de montagne sa cordée : « Est-ce qu'on peut admettre, dit-il, que je ne veux plus de cette vie-là et que je ne renoncerai jamais à mon espoir. Je ne m'inclinerai pas une fois de plus comme vis-à-vis de mon père… Je n'accepte pas un autre échec. Je préfère en finir. Est-ce que vous pouvez comprendre, accepter et cesser de me convaincre qu'il faut vivre ? C'est à moi de trouver, pour mon propre compte, mes raisons de vivre et si je n'en peux plus, j'ai le droit d'en tirer les conclusions. Peut-on convaincre quelqu'un à vivre ? Peut-on le forcer à vivre ? »

Que signifie le ravissement avec lequel cet homme constate agressivement qu'il n'avance plus, que je ne peux plus rien pour lui : « Ne le niez pas ! Vous êtes découragée. Vous ne croyez plus en une solution pour moi », et j'entends derrière : « J'ai tout fait pour vous décourager, pour que vous soyez dans l'échec, que je sois votre échec. C'est mon triomphe : j'ai réussi à vous faire échouer ; je suis plus fort que vous ; je suis plus fort que ma mère ; je suis plus fort que toutes les femmes réunies. Je vous envoie à la figure ce découragement (et je vous en accuse) alors qu'il me réjouit, qu'il me sauve peut-être. Il faut que vous reconnaissiez votre impuissance pour que je puisse accepter la mienne et que, paradoxalement, elle ne me tourmente plus. »

Que penser de la colère et de l'agressivité de cette femme se vivant comme n'ayant pas dû naître : « Vous n'en avez rien à foutre de vos patients. Vous ne me ferez jamais croire qu'il y a autre chose que l'intérêt pour le "cas" et pour l'argent. »

Le transfert, parfois, se dissimule ou peut se manifester de façon surprenante, difficile à décrypter. Il m'est arrivé aussi d'oublier sa force, ses déguisements, ses cheminements complexes et inattendus. Peut-être parce que, lorsqu'il est massif et passionnel, quelque chose me renvoie au symbiotique et au gémellaire, à une prise de possession. Ma conscience de cette faille m'incite à prendre garde. Cette croyance en l'Un, puis cette sujétion à un maître dont il me fallut sortir, je ne peux les souhaiter à personne. C'est pourtant ce dont il s'agit, temporairement, dans le transfert, sans que soit jamais perdu de vue son caractère opératoire. Il faut bien que j'accepte, un temps, d'être une sorte d'absolu pour l'autre, même si cela m'étouffe et me submerge. Certains analystes le refusent et s'en protègent. D'autres y prennent goût, tentés par la position de gourou, de maître omnipotent et infaillible. Ma lacune résiderait plutôt dans le fait de ne pas déceler l'intensité des sentiments, parfois habilement travestis, qui me sont adressés. Il faut pourtant les percevoir pour les accueillir tout en sachant que ce n'est pas vraiment à moi qu'ils s'adressent, que je ne suis qu'un intermédiaire, une image. En tenir compte, les laisser se déployer, c'est pouvoir les utiliser comme les matériaux inhérents à la cure. S'ils me sont adressés, ces sentiments ne me sont pas destinés. Le temps viendra des yeux dessillés ; il viendra ! et je reprendrai ma véritable place. Le mot fin est inscrit au début de chaque cure ; l'autre se séparera de moi après s'être séparé de ce (ceux) qui le torturait (aient) dans la réalité et – ou – dans l'imaginaire.

Au fil du temps, l'analysant, fort de ce qu'il a découvert sur lui-même, libéré de constructions imaginaires et ayant renoncé à sa toute-puissance, reprend pied dans la réalité, se reconstruit lentement. Ce faisant, il détrône l'analyste, cesse de l'idéaliser, le remet peu à peu à sa place de personne ordinaire dont il peut se séparer. Il a désormais une connaissance suffisante de lui-même et de ses mécanismes pour continuer, seul, à faire face aux aléas de sa vie et à opérer les choix qui sont les siens. C'est alors que vient le temps de la séparation.

Le trop d'amour est un piège

Parler du patient, de son amour-confiance envers l'analyste contraint à évoquer le *contre-transfert,* c'est-à-dire les sentiments que ce dernier éprouve car cette autre face, le volet inverse, fait intrinsèquement partie de la relation analytique.

J'ai appris à repérer, nommer et prendre en compte ces affects de tous ordres que suscite le patient dans le cadre de la cure. Ils peuvent surgir de façon inopinée, s'imposer dès le départ, se développer ou se transformer lentement, occuper mes rêves, nourrir ma réflexion. Je suis partie prenante dans ce lieu neutre où tant de passions – envies de meurtres et de vengeances, jalousies, déceptions, haines, désespoirs – se déploient. Certains analysants éveillent une sympathie immédiate alors que, comme à plaisir, d'autres inspirent l'antipathie, provoquent l'agacement ou laissent dans une indifférence suspecte. Je prends conscience de ces émergences passionnelles, indices et signes qui me permettent de comprendre ce qui se passe en moi, le pourquoi de mon énervement, de ma prévention ou de mon attirance. Ce que je ressens est un avertissement, un message crypté envoyé par l'analysant.

Comment, par exemple, ne pas être alertée par l'endormissement qui, invariablement, s'empare de moi quand je reçois cette jeune fille quelle que soit l'heure du rendez-vous. Elle souhaite que je disparaisse dans le sommeil, simulacre de la mort, comme sa mère désirait la perdre, tentait de la perdre quand elle était dans son ventre. Une mère qui ne lui a jamais pardonné sa venue au monde, car celle-ci scellait son propre destin. Sa voix, mortifère, m'endort à dessein mais sans le vouloir.

Je comprendrai aussi par quel mécanisme cette femme d'âge mûr, victime éternelle, suscite l'agressivité, voire le sadisme, car elle tentera, comme avec tous les autres, de me mettre à la place du bourreau. Je résisterai mais les sentiments qu'elle fera naître en moi me serviront à déjouer les pièges dont elle use, plus ou moins innocemment, pour conduire l'autre, quel qu'il soit, à se conduire violemment envers elle. C'est cela que nous aurons ensemble à décrypter.

Mes rêves, parfois troublants, dont les analysants – hommes ou femmes – sont les protagonistes, m'interrogent sur moi-même autant que sur eux, sur la conduite de la cure et la distance psychique à préserver. La question de ma capacité à faire s'exprimer et à entendre la sexualité des patients dans sa réalité la plus crue, la plus violente et les fantasmes qu'elle suggère se posera souvent. Un confrère disait un jour que nos patients parlaient plus de leur travail que de leur sexualité. Et je pensais à la réflexion d'un autre : « Les patients ne parlent de sexe que s'ils nous sentent prêts à les entendre. La résistance est chez nous. » Je n'éprouve pas de gêne quand un analysant évoque, fût-ce en des termes crus, des scènes ou des fantasmes sexuels, comme ceux-ci :

« Ce que j'abhorre en moi, c'est d'éprouver du plaisir sexuel. Je suis terrifié par l'émotion sexuelle, j'essaye de la tuer comme j'essaye de tuer la personne qui la provoque. »

« Quand mon beau-père me caressait et que je commençais à jouir, il me frappait et me traitait de salopard. C'était comme s'il me disait : "Je jouis de ton corps mais je t'interdis de jouir car, alors, tu n'es plus l'objet de mon plaisir." »

« Il y a trop de réalité dans la relation sexuelle, dit-il, c'est cru : la peau de l'autre, la mienne, les défauts physiques : poils, boutons, poignées d'amour… la fragilité du cou qui débouche sur un buste court, et un gros cul… Ce n'est pas l'amour aseptisé du cinéma ou des revues ; là, pas de crasse, pas d'odeur, les visages s'emboîtent joliment (mon nez dont je ne sais que faire !) et partout la beauté. J'ai la tyrannie de la beauté. Je suis dans l'idée de l'amour, pas dans sa réalité ; le virtuel, le fantasme, c'est mon royaume… »

Quand surgissent le malaise ou l'embarras, ils sont le signal que le patient s'exhibe ou me manipule dans une jouissance perverse et le fait d'être ainsi alertée alimente ma réflexion.

Je remarquerai aussi qu'une crispation très particulière au plexus et aux jambes s'empare de moi lorsque la personne que j'écoute accuse le monde entier de ses maux sans jamais se mettre elle-même en cause. La voix mal placée, trop aiguë, le débit accéléré et sans respiration, le ton vindicatif recouvrent une accusation d'autrui et du monde alentour. Discours étouffant, paranoïaque, clos sur lui-même, dont l'écoute m'oppresse et me déstabilise. Si, alertée par ce que je ressens – envie de fuir à toutes jambes ! –, je parviens à me glisser dans le flot de paroles, à cautionner, non les propos eux-mêmes, mais la douleur et la solitude désespérée dont ils témoignent, il n'est pas rare qu'un profond soupir précède un silence qui est déjà une ouverture. Je peux alors saisir un des points du discours, attraper un fil fragile, le tendre entre nous pour que s'esquisse une relation d'altérité et qu'une autre parole puisse naître.

Ce que je ressens en écoutant l'autre renvoie parfois à certains éléments de ma propre histoire : ainsi, je repérerai un agacement qui me surprend quand l'un ou l'autre des allongés manifeste un amour exclusif envers leur mère, disproportionné, teinté d'une dépendance infantile, faisant davantage référence à un attachement qui ligote qu'à une affection nourrissante. Certes. Sans doute. Comment ne pas y percevoir, de surcroît, en ce qui me concerne, le travestissement d'un constant et terrible regret ?

Le risque existe aussi de s'attacher trop, insidieusement, à un patient ; ce lien peut répéter les méfaits de ce dont il est venu se libérer. Le trop d'amour est un piège. Cet attachement se perçoit quand on parle de nos patients entre collègues, quelque chose de très proche, de même nature qu'une inquiétude ou un amour parental dans lequel il ne faut pas se laisser prendre sous peine de rendre la cure interminable, l'analysant ne pouvant se séparer, c'est-à-dire prendre son indépendance, partir.

Une fois passée l'heure des consultations, même si j'ai appris à fermer la porte, je reste touchée par ce qui arrive à mes patients. Il y a des jours où les bonnes nouvelles s'accumulent : un bébé tant attendu s'annonce ; une relation amoureuse s'ébauche ; un lien se rétablit avec un père, une mère ; un succès couronne de longs efforts ; un travail est trouvé... l'horizon s'éclaircit ; l'espoir renaît. Plus nombreux, forcément, les jours où tout va mal, où pas une lueur n'éclaircit l'horizon, où l'accumulation des douleurs devient oppressante ; je me sens happée par le malheur, saisie par le découragement, la distance que je m'efforce de maintenir ne tient plus ; je me laisserais presque engloutir par les flots sombres du désespoir.

Quand ces jours noirs se répètent, que je me sens plus entamée qu'il ne conviendrait par la douleur de l'autre, c'est sur moi-même que je dois intervenir et me rappeler certaines expériences passées : ces séances, par exemple, où j'ai vu cet homme partir dans une grande détresse, où je me suis fait du souci pour lui, où le sommeil a mis tant de temps à venir, où je me suis retenue de lui téléphoner... pour le voir revenir à la séance suivante, vivant, et presque guilleret. Après avoir vidé son sac, il a tout seul passé le cap. Il avait déposé ici son mal qu'il ne m'avait pas demandé de prendre en charge ou de vivre à sa place. Une fois de plus, je me comporte comme une mère qui voudrait épargner à son enfant l'expérience solitaire des tempêtes et vents contraires. Sans le formuler, il me renvoie au contrat : pouvoir exprimer sans contrainte, sans réserve et, jusqu'au bout, parler sa douleur, pleurer ses pleurs sans que je freine sa parole ou l'en dépossède avec les meilleures intentions du monde.

Garder ma place, respecter la bonne distance avec le patient, ne pas me laisser enfermer dans la prison du désespoir tout en laissant le tourment s'exprimer jusqu'à son terme, résister aux sirènes de la séduction et de l'amitié tout en manifestant une présence active sont une position difficile à tenir car elle évolue et se transforme en permanence. Élucider les masques du transfert et du contre-transfert exige un incessant retour sur moi sous peine de mal répondre aux exigences de la pratique et de devenir une sorte de robot appliquant une technique.

Une des manifestations du contre-transfert, sans doute parce que le lien qui me relie au patient n'est semblable à aucun autre, unique, est de confondre la spécificité de la place occupée auprès de lui avec l'exclusivité. Avec les psychiatres qui suivent les analysants les plus en difficulté, les rôles sont la plupart du temps bien répartis : même quand nous ne nous connaissons pas, que nous n'avons jamais affaire l'un à l'autre, je sens qu'ils soutiennent ma parole comme je soutiens la leur. Si un doute me traverse, une question me gêne, un entretien téléphonique permet en général de redéfinir les places de chacun. Il en va de même avec les médecins de famille ou les généralistes – bref avec le corps médical.

Mais quand on voit l'analysant – souvent à notre initiative – tenter diverses expériences, se tourner vers d'autres formes de thérapie – corporelles ou comportementales par exemple –, il n'est pas aisé d'accepter une position de co-thérapie où se rejouent les susceptibilités, les jalousies, les places, etc. D'autant que le patient, avec la malignité des enfants, retrouve là quelque chose de la rivalité entre les parents ou entre les familles paternelle et maternelle ; il sait très bien trouver les mots susceptibles de blesser, de faire comprendre qu'il est mieux entendu, plus efficacement « soigné » par le deuxième thérapeute. Ainsi, une de mes patientes qui s'était mise à pratiquer, sur mon conseil d'ailleurs, des séances de rebirth[1] individuelles me demandait systématiquement de m'aligner sur l'emploi du temps de ma collègue qui, disait-elle, imposait le *timing* et les horaires. J'ai accepté au début, n'étant pas certaine de bien décrypter ce qui se passait. Comme la situation se répétait, j'ai demandé à cette patiente que nous examinions ensemble les places différentes qu'elle nous attribuait : j'étais la bonne mère, compréhensive, toujours présente quoi qu'il arrive ; l'autre thérapeute était investie d'une incontestable autorité paternelle. En parler a permis de continuer sur un mode différent et de sortir de la position de rivalité où elle nous plaçait l'une et l'autre avec la même jouissance que celle qu'elle éprouvait dans son enfance à utiliser son père contre sa mère et vice versa. Elle s'attendait à être mise en demeure de choisir, ce qui a été évité. Grâce à cette situation, elle a pu comprendre ce que sous-entendait la position de choix où la plaçaient ses parents et prendre la mesure de sa jouissance d'enfant tout-puissant. Elle m'a permis aussi de me réaffirmer dans la place et le rôle spécifiques que j'occupais à ses côtés.

Dans la plupart des cas, les expériences thérapeutiques différentes, surtout celles qui touchent au corps, permettent de faire émerger des émotions, des sensations très utilement reprises dans le cadre de la cure, car c'est dans ce lieu et par la parole que se construit ou se reconstruit l'unité de la personne.

Parfois, il ne s'agit pas d'autres lieux thérapeutiques mais d'activités que le patient veut expérimenter : danse, dessin, peinture, théâtre, sculpture, arts martiaux, etc., qui exigent, pour des raisons d'argent et de temps, un réaménagement des séances. Ces désirs naissent du travail analytique lui-même. Quand cette femme demande timidement si elle peut réduire le nombre des séances

1. Le rebirth est une technique basée sur la respiration qui aide à retrouver des émotions très anciennes, parfois remontant jusqu'à la naissance. Pratiqué par des psychanalystes qui favorisent alors l'élaboration du ressenti par la parole, le rebirth permet à certains de mettre au jour des points d'achoppement rencontrés dans la cure.

pour reprendre des cours de peinture, que j'accepte, elle pleure abondamment : « Je pleure de joie ! Vous avez compris combien c'est important pour moi, j'avais peur que vous refusiez, que vous vous y opposiez... Pourtant ça me semble faire partie, pour moi, de la même démarche que l'analyse, ça l'accompagne. »

La solitude de l'analyste

En contrepoint à la solitude de l'analyste que j'expérimente quotidiennement, s'offrent de multiples groupes, écoles, séminaires théoriques et pratiques, lieux de retrouvailles, d'échanges et de recherches, cadres dans lesquels je peux éprouver ma pratique et réfléchir sur elle.

La responsabilité vis-à-vis d'autrui et la conscience de mes propres failles m'incitent à parfaire ma formation et à aiguiser sans cesse mon discernement. Les espaces où se retrouvent les psychanalystes, indispensables aux échanges et à la recherche, jouent un rôle comparable à celui de la théorie dans l'espace divan-fauteuil et tiennent pareillement lieu de tiers séparateur, évitant la communion analysant/analyste funeste à l'un comme à l'autre. C'est là qu'on retrouve les différentes écoles, leur rivalité, leur mépris des unes envers les autres, leur certitude d'être chacune et seule dans le vrai : une véritable famille bien tempétueuse où l'inimitié éclate plus souvent que la fraternité. Au moins a-t-on le choix dans cette diversité et nul n'empêche d'y circuler.

Les très petits groupes favorisent le travail ; il peut s'agir selon les cas et les groupes d'aborder ensemble des textes difficiles ou de mettre en commun des expériences, d'exposer la réalité de sa pratique sans crainte de jugement. On peut y faire part sans masque des aléas des cures, des blocages, des peurs, des maladresses, des hypothèses qui sont notre quotidien ; on y pratique une sorte d'« arrêt sur image ». Avancer à découvert, mettre en question son contre-transfert, ses interprétations, son travail clinique, ses hypothèses théoriques requièrent un petit cercle d'où la perversité est exclue, où l'on est sûr de rencontrer le respect. Ce groupe joue le rôle de contrôleur avec une richesse accrue du fait des différentes personnalités. L'expérience est particulièrement fructueuse pour l'analyste qui expose le cas.

Je le constatais, une fois encore, lors de notre dernière séance : il s'agissait d'un analysant dont le brusque changement d'attitude, l'agressivité soudaine et la violence suscitaient ma peur, en grande partie parce que j'étais dans l'incompréhension et l'obscurité. Notre séance de travail a permis de faire évoluer une situation bloquée. Non que mes collègues m'aient donné des conseils ou résolu mes interrogations, mais la réflexion et le travail qu'impose un exposé m'avait obligée à réfléchir d'une manière nouvelle à l'histoire de l'analysant, à me poser des questions sur le bien-fondé de la conduite de la cure, mes interventions, mon attitude, mon ressenti. Les réactions de mes collègues, leurs demandes d'éclaircissement, l'évocation de difficultés similaires, la réflexion collective engagée ouvraient de nouvelles perspectives tout en servant de soupape à l'anxiété. Dès la séance suivante, j'ai observé des modifications dans la cure. Comme si la meilleure compréhension de ce qui se passait et ma peur que j'avais pu déposer avaient modifié ma position psychique, ce qui avait été immédiatement perçu par l'inconscient de l'analysant. C'est un processus que les analystes connaissent tous, je pense, et qui n'a rien de magique à partir du moment où on accorde crédit à l'inconscient.

M'interroger sur ma pratique et, surtout, sur moi dans ma pratique m'a conduit à renouer pour mon propre compte avec le travail analytique. Des évènements survenus dans ma vie personnelle, des failles mises au jour par l'exercice de mon métier m'ont incitée à consulter de nouveau, à me remettre à mon ancienne place d'analysante.

Je butais, dans les cures, sur les relations primitives à la mère, à ce que nous appelons l'archaïque qui me semblait, avec le recul, avoir été peu exploré dans mon analyse personnelle. J'ai donc pratiqué plusieurs séminaires de rebirth destinés à des analystes et dirigés par des psychanalystes, ce qui garantissait la place accordée à l'inconscient et aux temps de parole.

J'ai pu m'abandonner à un transfert d'ordre maternel, ce que je m'étais interdit jusque-là et sans doute faut-il l'expérimenter pour pouvoir renoncer à une relation maternelle idéalisée. J'ai pu constater ultérieurement, dans les cures, que j'avais acquis une perception plus fine et une meilleure écoute de la relation archaïque à la mère lorsque le nourrisson ne connaît pas encore le langage et qu'il fait presque encore partie de son corps.

En sus, chaque séminaire me faisait retrouver la curiosité de mes débuts, mon audace, comme si mon écoute en était réactivée et qu'au fur et à mesure que je me « nettoyais », j'étais plus apte à capter ce qui émanait de l'autre. Je me démontrais, comme s'il en était besoin, qu'on n'en a jamais fini avec soi-même, l'un des risques majeurs de l'analyste étant de s'endormir sur ses acquis dans une sorte de confort et de certitude. Plus je savais où j'en étais par rapport à moi-même, mieux je me connaissais ; moins j'avais le souci de moi, plus je faisais place à l'autre, mieux je l'accueillais dans son absolue différence.

La dernière séance

Au début de chaque cure est inscrit le mot « fin ». La séparation est une donnée de départ. Des cures se terminent bien ; d'un commun accord, nous décidons que le moment est venu de se séparer. Nous en parlons longuement auparavant, l'analysant et moi, dressant le bilan du chemin parcouru, reparlant de certains malentendus, du transfert et du contre-transfert. Souvent, des rêves ponctuent ce moment comme celui que fit cette jeune femme peu de temps avant la fin de la cure :

« J'accouchais d'un oiseau, il s'envolait tout de suite. C'est un symbole de création, ce n'était pas accoucher d'un enfant mais de soi-même. J'ai l'impression que j'avais fait cet oiseau, ou plutôt qu'il était moi. Un grand oiseau blanc qui prenait son envol afin que je quitte le corps de ma mère… Je m'envole, je suis autre. L'oiseau de l'esprit, du Saint-Esprit ; on se sépare de sa mère par l'esprit, les mots, pas seulement biologiquement. Et l'image est encore plus forte quand on sait que ma mère avait une jumelle morte à la naissance. Depuis toujours elle est dans la tristesse et la solitude ; elle voulait que mon père comble cette tristesse et cette solitude comme aurait pu le faire sa jumelle ; après, elle voulait que ce soit moi qui occupe cette place. »

Aucun départ ne se ressemble mais le moment même de la séparation est chargé d'émotions contrastées : de la joie et une forme de chagrin ponctuent la fin décidée de la relation. Il n'est pas rare qu'analysant et analyste, ayant désormais quitté leurs places respectives, se prennent dans les bras en un embrassement qui clôt leur histoire commune.

Une cure, c'est une histoire d'amour avec fin : je t'ai aimé, tu m'as été nécessaire, ma vie a un temps été attachée à la tienne, à ton regard, à tes paroles… aujourd'hui, je n'ai plus besoin de toi et j'en suis heureux ; désormais tu fais partie de mon passé… encore un peu de temps et je ne me souviendrai qu'à peine de ce qui m'a conduit vers toi et de l'intensité des moments vécus ensemble.

Chacun de nous a vécu l'histoire commune à sa façon et nous en garderons un souvenir différent, les deux faces d'une même réalité. Une rencontre née pour qu'il y ait séparation, une convergence faite pour diverger. « Pourquoi faudrait-il partir quand tous les problèmes sont résolus ? questionne cet homme. Y a-t-il un point d'arrêt dans la vie où tout va comme on le souhaiterait ? La vie continue, mon histoire se poursuit ; arrêter l'analyse signifie que j'ai pris de la force, que ce que je sais de moi me permet d'avancer sur la ligne de mon désir. »

Cet autre analysant, au contraire, n'aimait pas cette idée de « dernière fois » que nous avions programmée à une date bien précise. Il a mis fin de lui-même à la cure lors de l'avant-dernière séance. Anticiper la séparation la rendait plus légère « Qui regardera à ma place la petite fille à la natte (un dessin sur le mur de mon bureau qu'il aimait particulièrement) ? Qui prendra mon coussin dans ses bras ? » Il m'a serré deux fois la main, une fois dans mon bureau, puis sur le seuil de la porte, mais sans lancer une blague comme il en avait l'habitude. Le dernier regard échangé nous reconnaissait dans notre altérité, dans notre confiance et notre respect commun.

Certains départs sont ratés et restent en mémoire comme une ultime fêlure. Tel est le cas de cette jeune femme qui a « disparu » alors que nous nous acheminions vers la fin de notre travail commun. Elle ne venait plus que toutes les trois semaines et, un jour, ne s'est pas présentée au rendez-vous et n'a plus donné signe de vie. Ne répondant ni au mot que je lui envoyais, ni au téléphone, manifestant ainsi qu'elle ne voulait plus entendre parler de moi. Il s'est rejoué là, je suppose, quelque chose de la séparation d'avec sa mère. Elle avait fui le domicile parental des années auparavant et n'avait jamais revu sa mère, particulièrement maltraitante, envers qui la haine des débuts s'était muée en ressentiment, puis en une sorte d'indifférence. Intelligente, courageuse, elle avait réussi au fil des ans, malgré d'importantes difficultés matérielles et psychologiques, à construire sa propre vie. Devenue mère de deux enfants, elle avait renoué des relations avec certains de ses frères et sœurs. Quelque chose, sans doute, avait été insuffisamment élaboré pour qu'elle puisse poser sereinement une séparation avec moi, mère de substitution pendant des années. Ou avait-elle des reproches à formuler à mon encontre qu'elle ne pouvait dire, qu'elle ne pouvait que signifier par un acte agressif ? Sa disparitions a résonné en moi comme une répétition de la fuite de la maison parentale et m'a laissé un doute concernant le travail accompli ensemble. Un silence culpabilisant. Était-ce le but qu'elle recherchait ?

Il m'est aussi arrivé, comme à d'autres psychanalystes, de constater avec certains patients un enlisement de la cure, une sorte de routine qui s'installait et perdurait. Certes, nous savons que ces périodes, où rien ne semble se passer sont courantes, voire nécessaires, et qu'elles précèdent souvent – comme une forme de résistance – la découverte d'un nouveau « filon ». Parfois, il s'agit d'autre chose, de l'installation d'un mode relationnel établi, d'une sorte de confort où il semble que tout ait été dit ou exploré et que l'on peut continuer comme ça longtemps encore, que l'analyse devient interminable. Pourtant, de part et d'autre, on sait que le travail n'est pas fini. Après le constat commun du blocage et l'incapacité où nous étions de le lever, n'en trouvant pas le sens, j'ai proposé à ces analysants de poursuivre leur analyse avec un ou une confrère. Dans ces cas, rares, qui me reviennent en tête et pour ce que j'en sais, le changement d'analyste a réactivé la cure et permis une issue positive. Il semble, pour au moins deux analysants, que le transfert qu'ils opéraient sur moi jouait plus un rôle de frein que de moteur. Il les réinstallait dans leur position enfantine face à des parents sécurisants et immobiles et c'est avec un autre analyste que cela a pu être mis au jour et élaboré.

Il arrive pourtant que certains patients privés de signes d'affection, de tendresse et de reconnaissance durant leur petite enfance, ou pire encore n'ayant jamais eu droit à un vrai regard aient pour longtemps – toujours peut-être – besoin du soutien du psychanalyste. Dès que la cure s'interrompt, il y a effondrement, ce lieu leur est nécessaire pour continuer à vivre. Les entendre, ne pas les rejeter ni s'en lasser mais au contraire garder envers eux un regard confiant ouvert sur des possibles sont alors une exigence.

Chapitre IV

QUATRE HISTOIRES DE SÉPARATION

Quatre histoires analytiques. Deux femmes, deux hommes qui ne se ressemblent en rien par l'âge, l'origine sociale ou l'expérience de vie. Trois d'entre eux ont durement bataillé pour accéder à leur existence propre et (ou) se délivrer de ce qui leur paraissait être leur destin. Le trajet que nous avons parcouru ensemble, et qui fut très éprouvant pour chacun d'eux, a dessillé leurs yeux sur la place qu'autrui leur faisait occuper et sur la nécessité où ils étaient d'opérer des ruptures psychiques pour commencer à vivre leur vie. Le quatrième n'a trouvé d'autre issue que le suicide. J'ai hésité à le citer mais son itinéraire et son combat avec lui-même sont exemplaires de notre lutte – parfois vaine – contre la mort. L'évoquer, c'est aussi continuer à le garder vivant. J'aurais pu, il est vrai, choisir d'autres exemples, mais ceux-là m'ont permis de mettre en évidence le travail de discrimination et de séparation psychique auquel tout individu est confronté dès lors qu'il entend devenir sujet de lui-même. Comme dans toute restitution d'une expérience analytique, j'ai laissé de côté nombre d'éléments pour me concentrer sur ce qui, de mon point de vue, constituait à la fois l'essentiel et le sens de la cure : sa trajectoire, ainsi que la place (ou les places) que j'y ai occupée. J'ajoute que bien qu'ayant veillé à leur anonymat et à celui de leur entourage, j'ai soumis mon texte aux personnes concernées, ce qui a d'ailleurs donné lieu à des échanges éclairants. Je les remercie vivement d'avoir accepté que leur histoire vienne illustrer mon propos.

L'endeuillée

Pour moi, elle était « le voile noir », en raison des cheveux qui dissimulaient un côté de son visage, ou plutôt « l'endeuillée », car sa mince et haute silhouette était toujours vêtue de noir ou de couleur sombre. Ces deux appellations correspondaient à ce qu'elle suggérait : un deuil impossible. Elle était venue sur la recommandation d'une collègue dermatologue qui la soignait pour du psoriasis à répétition et qui me dit par téléphone : « Elle est fragile, il ne faut pas aller trop loin. » Est-il possible de maîtriser ce qui jaillit lorsque naît la parole ? Doit-on l'empêcher de se dérouler, de suivre son cours ? Notre rôle n'est-il pas au contraire de la soutenir et de l'accompagner ? Comment cautériser une plaie tant qu'elle ne s'est pas vidée, qu'elle suppure ?

Nous avons commencé par des séances de thérapie qui se sont vite transformées en analyse à raison de deux et, parfois, trois fois par semaine. La cure a duré sept ans, éprouvante, difficile pour elle comme pour moi. C'était effectivement une question de vie ou de mort.

L'endeuillée avait la trentaine ; elle était mariée avec un homme qu'elle aimait, avec lequel elle avait une profonde connivence et formait un couple auquel elle tenait ; elle était mère de trois enfants. Elle se sentait anxieuse depuis quelques mois, disait-elle, et ne savait pas trop à quoi attribuer cet état de tristesse accompagné d'une grande fatigue et d'un désintérêt grandissant envers tout et tous... peut-être à des difficultés professionnelles récentes, car elle s'investissait beaucoup dans son travail. Dans cette présentation d'elle-même, l'endeuillée s'exprimait de façon brève, factuelle, distante, impersonnelle ; elle lâchait les informations qu'elle estimait indispensables presque comme si elle parlait de quelqu'un d'autre. « Et, vous concernant, rien d'autre à signaler qui serait important ? » demandai-je comme le silence durait. « J'ai eu un cancer du sein quand j'avais seize ans », répondit-elle, visiblement agacée par cette question. J'ai eu le sentiment qu'elle me lâchait, à son corps défendant, une réponse importante tout en me claquant la porte au nez.

Elle était l'aînée d'une fratrie de trois enfants, seule fille. Son père, aîné d'une famille nombreuse, orphelin jeune de son propre père, s'était illustré dans la Résistance durant la dernière guerre et en avait gardé du goût pour l'action politique et le syndicalisme ; après 1945, il n'avait pas eu la réussite professionnelle qu'il pouvait escompter, peut-être en raison de son absence d'études supérieures, peut-être à cause de son esprit d'indépendance et de sa forte personnalité. Il avait épousé l'amie d'une de ses sœurs, une jeune fille d'un milieu social nettement plus élevé que le sien : belle, grande, sportive – la mère de l'endeuillée. Celle-ci était la dernière de sa fratrie. Son père avait disparu à la suite de mauvaises affaires et sa mère était morte quand elle était âgée de quatorze ans.

La cure s'est inscrite sous le signe du silence. L'endeuillée avait de grandes difficultés à parler ; chaque séance débutait par un long mutisme de sa part que j'interrompais après un temps variable. J'allais au-devant d'elle, je faisais les premiers pas, j'allais la chercher dans le fond de son puits, tentant de l'appeler à la vie, de lui montrer que j'étais là, que quelqu'un l'écoutait, que je n'accepterais pas de la laisser sombrer dans la solitude et le silence. Parfois celui-ci trahissait une agressivité plus ou moins consciente. Il s'en dégageait une violence inouïe qui faisait naître en moi un sentiment de colère et l'envie de la renvoyer chez elle, de ne plus en entendre parler. Bien sûr, je me demandais à qui en réalité s'adressait cette agressivité muette. Dans quelle mesure y retrouvait-elle le mutisme dans lequel elle s'était enfermée depuis l'enfance et qui, à l'époque, contrastait radicalement avec le déferlement de paroles de sa mère. Ce silence d'autrefois avait-il été un appel demandant à être remarqué et brisé, pour qu'enfin cette enfant sage et mutique prenne la parole et soit entendue ? Comme il n'en avait rien été, il s'était transformé en une immense colère accumulée au fond d'elle-même. Elle ne me regardait pas ou très rarement, son regard tourné vers le sol ; assez souvent ses doigts torturaient sa bouche ou l'obstruaient, rendant la compréhension difficile ; ses mains, parfois, cachaient complètement son visage.

La libération progressive de sa parole faisait s'effondrer les barrières qui maintenaient ses souffrances à distance ; celles-ci désormais l'envahissaient. Il y a eu des phases difficiles où elle m'accusait d'être à l'origine de sa dépression, de l'avoir forcée à entrer en analyse ; d'autres où elle me renvoyait une image de cruauté inutile ; d'autres où je la sentais si repliée en elle-même, si loin de moi que la distance entre nous était infranchissable.

J'avais le sentiment d'entamer le combat avec un adversaire invisible, tapi au fond d'elle-même, pour un rien celui-ci pouvait se transformer en un bras de fer stupide, épuisant pour l'une et pour l'autre. Parfois, confiera-t-elle plus tard, elle imaginait (le désirait-elle dans cette ambivalence qui était la sienne ?) que la bibliothèque au-dessus de moi s'effondrait et me tuait. Parfois elle pensait qu'aucune de nous deux ne sortirait vivante d'une telle aventure.

L'analyse a connu différentes phases centrées autour d'un thème principal – l'amour de la mère, les retrouvailles impossibles avec elle – que je reconstitue car ce n'était pas le déroulement d'un fil. Au contraire, il n'y avait – c'était frappant – aucune continuité d'une séance à une autre, aucune reprise par rapport à ce qui avait été dit précédemment, ce qui faisait naître en moi la sensation et l'idée d'une rupture, d'une cassure située dans le lointain. Et, plus avant dans la cure, l'impression qu'elle venait pour le compte de quelqu'un d'autre. Chaque séance formait un point, une tache à partir desquels, peu à peu, se dessinait un tableau. Je lui cède la parole telle que je l'ai entendue et tente de la restituer. Bien évidemment, compte tenu de ce qui précède, j'ai rassemblé ici des propos qui, pour être formulés, ont exigé beaucoup de temps.

Entre père et mère

« À quoi bon parler puisque personne n'écoute personne et que personne ne m'écoute, moi. Depuis toujours, depuis que je suis toute petite, mes parents sont pris dans leurs relations de couple, leur conflit permanent. Ils demandent que nous, les enfants, moi et le frère qui me suit – l'autre naîtra bien après –, on les rende heureux parce que, eux les parents, ne savent pas le faire tout seuls. Ils ne savent que se blesser cruellement l'un l'autre. Ma mère parle, parle, parle sans arrêt, quand elle ne crie pas. Pourquoi parle-t-elle tant et tant ? Serait-ce parce que mon père ne lui répond jamais ? Il crie lui aussi, il l'insulte, se moque des bonnes femmes hystériques, ne comprend rien à sa demande ; il ne l'entend pas. Il ne veut pas qu'elle travaille ; peut-être a-t-il peur qu'elle lui échappe, Elle, ma mère, lui en veut, elle le rabaisse à cause de

la différence sociale, du manque d'argent, de ses échecs professionnels ; parce qu'il ne la rend pas heureuse ? Peut-être parce qu'il ne la fait pas jouir ? Mes parents se battent, mes parents s'insultent, leurs hurlements sont effrayants. Mon frère et moi, on est accroupis derrière la porte de leur chambre, terrorisés ; on écoute les bruits ; on les interprète. Les coups échangés sont terribles mais moins insupportables que le silence qui suit et ensuite, le mépris que ma mère manifeste envers mon père.

« Peut-être parce que je le sens plus faible, peut-être parce que je sens qu'il m'aime, lui, je manifeste ma tendresse à ce père mais je ne veux pas faire alliance avec lui contre ma mère. Je voudrais tant qu'ils s'entendent, que la paix règne à la maison. Je n'en peux plus ; je voudrais en parler à quelqu'un mais à qui ? Je suis heureuse à l'école, c'est tellement mieux qu'à la maison ; je travaille bien, très bien même, sans que cela suffise à contenter ma mère. Elle est toujours insatisfaite ; comment la rendre heureuse, calmer sa douleur, combler son manque, faire taire sa plainte ? La faire taire. Qu'elle cesse d'envahir l'espace avec ses cris, qu'elle respecte son intimité et la nôtre. Que plus aucune horrible parole ne sorte de sa bouche. J'ai des amies et des professeurs que j'aime... Je pourrais peut-être parler à une maîtresse mais quand je tente de dire que ça ne va pas fort à la maison, on ne m'entend pas. Comment les gens pourraient-ils l'imaginer ? Ma mère est belle, vivante, intelligente, elle n'affiche pas son malheur. Comment oser se plaindre ? Je ne suis pas un cas social... M'ouvrir à une amie, peut-être ? Mais elle en parlerait à sa mère et toutes les mères se connaissent et se fréquentent... ce serait trahir. Alors, garder tout ça pour moi, l'enfouir, essayer de ne pas y penser.

« Mes parents ne prêtent pas attention à ma fatigue et moi, je ne dis rien de cette petite boule que je sens dans mon sein et qui commence à se voir. D'ailleurs je ne dis jamais rien et je ne parle pas de moi, coincée entre mon père et ma mère... Entre ma mère qui me demande : "Crois-tu que nous devrions divorcer ?" et mon père qui me supplie : "Reste près de moi, je n'ai que toi."

« Quand mon frère ne supporte pas l'atmosphère de la maison et qu'il part... je cours après le fugueur et le ramène. Je voudrais tant partir moi aussi, être comme la femme d'un de mes rêves, une

femme qui marche vite, vite, sans jamais s'arrêter, plus vite que les voitures... Une femme qui erre, une vagabonde qui dit : "Il faut que je parte ! Je vais tout quitter !" Je préfère les fugueurs à ceux qui restent là, comme moi, cloués par le devoir d'entendre et d'aider... Moi, la silencieuse, la mutique, je sens que je suis malade et j'ai peur... un jour, chez une amie, on essayait des robes, je lui montre ma boule ; elle en parle à sa mère qui le dit à la mienne. Les médecins, enfin consultés, semblent inquiets ; j'ai peur de mourir, je ne sais pas ce qui m'arrive... Maintenant, je sens l'inquiétude autour de moi et, comme d'habitude, je rassure tout le monde, je dis qu'il ne faut pas se faire de souci. Je me fais toute petite dans mon corps, ratatinée, recroquevillée dans le fond de mon corps pensant très fort "ce qui arrive à mon corps ne m'atteint pas". »

Une victime expiatoire ?

« *Ce qui arrive à mon corps on n'en parle pas. Qu'ai-je eu exactement ? Pourquoi ce silence autour de moi ? À qui s'adresser pour savoir ? Comment oser poser des questions alors qu'aucun mot n'est prononcé, que rien ne m'est dit sur ce que j'ai exactement, sur ce que sera mon avenir. J'ai quand même seize ans, je ne suis plus une enfant. On ne me propose aucun soutien. On me laisse seule. Pourquoi cette deuxième opération, deux ans plus tard, toujours sans explication, qui me laisse mutilée, cicatrisée, avec ce bras déformé ? Ce corps qui maintenant fait honte – je le crois – à ma mère. Ce corps qui me fait honte à moi ; je suis cassée, pas belle ; en dehors de l'intelligence, je n'existe pas.*

« *Reste le souvenir de ma mère, lors de la première opération : des relations nouvelles avec elle, des retrouvailles, une intimité tendre, un petit paradis, un bonheur fugace car le quotidien de la vie reprend et les disputes avec mon père aussi. Je m'enferme dans ma chambre, solitaire. Trois ans après, je tente de savoir exactement ce que j'ai eu ; je revois le chirurgien. Il n'est pas très clair sur ce qui s'est passé mais il n'y a rien à faire pour améliorer mon épaule, restaurer mon corps : "Vous êtes vivante que demander de plus ?" me dit-il.* »

Tout ça est dit, peu à peu, par bribes, entrecoupé bien sûr de lourds et longs silences, avec détachement, sans émotion apparente, si ce n'est une imperceptible tension dans la voix qui reste blanche, atone. Les paroles semblent parfois arrachées à coups de volonté, puis parfois la débordent. Elle a besoin de dire, de ne plus ignorer ou de trouver dérisoires les souffrances et les angoisses si longtemps tues. Elle reste en face-à-face car le divan est une *« mise au tombeau »* ; l'absence de paroles de la part du corps médical, l'anesthésie, la table d'opération sont autant de main mise sur son corps considéré comme un objet : *« Je suis entrée entière à l'hôpital, on m'a étendue, on m'a attachée et sans rien me dire, sans me prévenir, on m'a mutilée. »*

« C'est l'analyse qui me rend malade ; j'allais mieux quand je suis venue et c'est pour aller mieux que j'avais fait la démarche. Là je vais de plus en plus mal. C'est de votre faute si je fais cette analyse... Comment est-ce arrivé ? Je suis de plus en plus fatiguée, de plus en plus enclose en moi-même... Je n'arrive plus à réfléchir, à travailler comme il faudrait, à me montrer présente auprès de mes enfants, de mon mari : tout et tous me semblent lointains ; je suis enfermée dans une sorte de désespoir opaque, un brouillard épais. Je voudrais tout oublier, effacer et que la vie reprenne légère, paisible, mais je ne peux résister à cette force qui me pousse à venir et qui m'incite à parler, à penser.

« À rêver. Une série de rêves violents : "Je deviens aveugle, ma mère ne le voit pas", "j'étais piétinée, je vais être tuée, mes enfants et moi sommes menacés de mort", "j'étais dans une pièce, c'était la nuit, je venais d'étrangler ma mère ; je partais avec mon fils aîné et je rentrais à la maison, je retrouvais mon mari et je repartais... quand je revenais, il pleurait sans pouvoir s'arrêter", "je suis dans une maison, des gens entrent avec des fusils et je ne peux m'enfuir", "je tombe du haut de plusieurs étages et je m'aplatis, sanglante".

« Ces rêves, cette analyse me torturent ; c'est pire, peut-être que ce que j'ai connu précédemment.

« Les rôles sont inversés : avant, ma mère parlait et occupait tout l'espace ; il n'y en avait que pour elle et ses tourments ; ici, c'est moi qui ai la parole et il y a une sorte de mère qui m'écoute et veut m'entendre. C'est insupportable. Que dire et comment dire ? J'ai du mal à comprendre que c'est mon histoire. Ai-je une histoire ? Mes parents ont une histoire, pas moi. Que je dise

quand même le grand chagrin quand ma grand-mère paternelle décède. Elle m'aimait et je l'aimais ; elle s'intéressait à moi. J'avais sept ou huit ans, je me disais qu'elle n'était pas morte, que ce n'était pas vrai, qu'elle avait été enlevée par des résistants qu'elle allait revenir… Le soir, dans mon lit, je me racontais ça et j'avais des remords parce que si j'avais su lui dire que je l'aimais, elle ne serait pas morte. On peut mourir de manque d'amour.

« Je ne suis bien que quand je travaille, comme lorsque j'allais à l'école. Quand je travaille, je ne pense pas à moi ; j'aime le travail, il me transporte hors de moi ; d'ailleurs je ne fais rien d'autre. Quand je travaille, j'existe par le travail que je fais. En dehors de l'intelligence, je n'existe pas.

« Être mère, c'est dangereux… Est-ce que j'avais le droit de mettre un enfant au monde après ma maladie ? Est-ce que ça n'était pas trop risqué ? Est-ce que mon lait n'allait pas l'empoisonner ? Une mère peut-elle tuer son enfant ? »

Et ses rêves se succèdent : *« Je me retrouve aveugle… je m'efforce de recoudre une immense cicatrice, plusieurs fois, une petite fille apparaît… dans celui-ci la petite fille escalade le corps de sa mère étendue à terre ; dans cet autre, une femme, une analyste, mais elle n'a pas de visage, me dit que ce que je raconte est vraiment trop ennuyeux, ce qui me plonge dans une effroyable douleur. Dans un cauchemar, l'analyste me tue…*

« Tout ça ne sert à rien…

« Les filles doivent sauver les mères. Ma mère se sent coupable de ne pas avoir su protéger sa propre mère, c'est pourquoi elle s'est retrouvée orpheline à quatorze ans et qu'elle la pleure toujours. Moi, je dois apporter le bonheur à ma mère. Je suis écartelée parce que j'aime mon père et il m'aime ; il prend appui sur moi, il se console auprès de moi des paroles terribles de ma mère et je le rassure comme si je prenais son parti. Je voudrais qu'ils soient heureux tous les deux. Je suis responsable de leur bonheur et je constate mon échec… Je suis leur victime expiatoire. Je meurs, victime du sacrifice, pour obtenir leur bonheur auprès de Dieu. Je meurs parce que j'ai échoué dans ma tentative. Je veux mourir. Est-ce qu'en me fabriquant ce cancer, je n'ai pas voulu mourir ? Mais pourquoi ai-je voulu mourir ? Pourquoi me mettre ainsi

en danger ? Pour qu'on me voie ? Que ma mère me voie, qu'elle s'occupe de moi ? Pour tester son amour ?

« Personne ne peut m'accompagner sur ce chemin aride, même pas l'homme que j'aime, qui s'éloigne, qui n'a jamais beaucoup parlé, mais qui ne parle plus ; qui est las de cette maladie et de cette analyse qui, dit-il, m'éloigne de lui, me rend "inatteignable", à des milliers de kilomètres. "Tu n'as plus besoin de moi... Tu as ton analyste." Je suis de plus en plus coupable de ce que je lui fais vivre à lui et aux enfants, même si j'ai l'impression de ne plus rien ressentir à leur endroit. Un souvenir de ce qui existait autrefois, mais rien de l'aujourd'hui, entièrement dévorée que je suis par ce combat où je me débats, que je revis, que je réactualise, où le goût de vivre va me quitter, où je vais peut-être mourir pour de bon. Je n'ai pas le droit d'être heureuse. J'ai tellement plus que ma mère, un homme que j'aime et qui m'aime, que je respecte et qui me respecte ; un travail difficile, mais qui m'intéresse, où j'ai réussi, où je peux trouver ma voie et peut-être mon épanouissement ; je n'ai pas d'inquiétude matérielle... J'ai ce qu'elle n'avait pas. En ai-je le droit ? Quand je la quitte, encore aujourd'hui alors qu'elle est seule et désormais veuve, c'est toujours le même regard qu'elle m'adresse, celui de mon premier départ quand je suis partie poursuivre mes études dans une autre ville, un regard éperdu... Quand je la quitte, je ne peux pas la regarder en face. Quand je pars je l'abandonne et j'emporte un morceau d'elle avec moi. »

Ma mère me déteste

« Ma mère m'aime-t-elle ? M'a-t-elle jamais aimée ? Quand a-t-elle cessé de m'aimer ? Quand j'étais petite – deux ans ? – je marchais mal, ayant fait très tard mes premiers pas ; j'étais grosse, lourde. Un jour, ma mère m'a posée à terre et plus jamais je n'ai été dans ses bras... Après, il y a eu mon frère. Elle ne m'aimait plus, elle m'abandonnait. Un peu plus tard, mais j'étais encore très petite, il y a le souvenir de ces valises : ma mère voulait partir, tout quitter, nous abandonner. Est-ce qu'une mère qui aime ses enfants, son enfant, songe à l'abandonner ? Qu'est-ce que j'avais fait pour qu'elle veuille partir ? Pour qu'elle veuille mourir et fasse une tentative de suicide ? Quelle mauvaise enfant j'étais pour mériter ça. Je lui

en veux. Et je m'en veux plus encore. C'est moi la coupable. Si ma mère ne me voit pas, ne m'aime pas, ou ne m'aime plus, ou me quitte, ou meurt, je l'ai bien mérité. On ne peut pas vivre sans l'amour de sa mère, sans les paroles d'amour de sa mère. »

Ainsi, peu à peu, se rapproche-t-elle de son tourment fondamental : ma mère m'aime-t-elle ? La question, sans objet tant qu'elle fusionnait avec sa mère, survient avec ce qui est vécu comme un rejet, une insupportable et symbolique séparation, le fait d'être déposée à terre ; par ce geste, dont elle garde un si vivace souvenir, sa mère la sépare d'elle, la laisse seule. Cet « abandon » ou ce « rejet » est d'autant plus amèrement ressenti que, très vite, la naissance d'un rival, le frère, la prive du rapport jusque-là exclusif avec sa mère. Quand s'y additionnent les souvenirs de la valise (départ possible, en tout cas souhaité, par sa mère) et celui de la tentative de suicide, la petite fille, perméable à la douleur maternelle, se sent doublement coupable : d'être à l'origine de sa peine et de ne pouvoir l'en consoler. Toute la quête de l'enfant, puis de la jeune fille est de parvenir à rendre sa mère heureuse (d'empêcher sa fuite ou son suicide ?). Elle lui laisse toute la place, l'écoute dans ses débordements incessants, oublie ou renferme au plus profond d'elle-même ses propres besoins, ses propres peines. D'où le grand bonheur après la première opération quand, enfin, la mère ouvre les yeux sur sa fille et qu'elles retrouvent toutes deux l'intimité perdue. Mais cette harmonie avec la mère ne peut perdurer au-delà du retour du père en convalescence à la suite d'un accident de la route. Le trio père-mère-enfant échoue de nouveau à fonctionner tant il est déséquilibré par la mésentente père-mère et leur demande, chacun pour leur compte, de l'attention et de l'amour de leur fille. Celle-ci est de nouveau dans une situation impossible, où elle trahit toujours, soit l'un, soit l'autre. D'où la position de repli qu'elle retrouve. Et, plus tard, la nécessité pour elle de partir loin pour suivre des études ; loin pour exister par elle-même ; loin pour fonder sa propre famille.

C'est vers la fin de la cure que j'ai enfin compris d'où étaient venues à mon esprit ces expressions « le voile noir », « l'endeuillée ». Elles n'étaient pas sans pertinence… mais la patiente ne portait pas, comme je l'ai cru au début, le deuil de l'amour de sa mère.

Elle arborait, comme un emblème, un deuil qui ne lui appartenait pas. Elle portait, symboliquement, le deuil non fait de sa mère. Celle-ci n'avait jamais fermé la tombe de sa propre mère, elle était toujours restée, pour partie, l'adolescente désespérée d'autrefois, qui demandait à tous et en premier à son mari – le père de l'analysante – de consoler l'inconsolable et de combler le manque. Sans doute, cette absence de mère ne fut-elle jamais aussi grande que lorsqu'elle fut enceinte de son premier enfant. L'endeuillée fut portée par une mère inconsolable qui lui transmettait le poids de son chagrin.

L'aboutissement de la cure fut, à mon sens, la séparation psychique mère/fille. Celle-ci permit à l'endeuillée de vivre pour elle-même et de mettre de la distance avec la douleur maternelle, la dépression maternelle, le deuil maternel, la frustration maternelle. Elle put enfin s'approprier une image suffisamment positive d'elle-même et d'elle-même comme mère, et s'autoriser à suivre son désir propre.

Reste la mystérieuse question du moment où le mal-être de cette patiente a été suffisamment violent pour qu'elle soit amenée à consulter. On peut penser que les difficultés professionnelles, raison mises en avant lors du premier entretien, n'étaient que la partie émergée de l'iceberg et masquaient la véritable douleur et une dépression ancienne, larvée, maintenue à distance par sa force et sa volonté.

En ce qui me concerne, je pense avoir été baladée à toutes les places maternelles : tour à tour marâtre ou bonne mère ; sourde ou perspicace, silencieuse ou envahissante, lointaine ou dangereusement proche… Ce n'est que très lentement que la confiance a pu s'établir, que la patiente a pu tester ma fiabilité et mon endurance, faire confiance au regard positif posé sur elle et accorder du crédit à ce qu'elle avait vécu, pensé, imaginé. Elle a pu prendre appui sur son histoire en ayant renoncé à tenter de la fuir.

M.

Il est d'autres séparations infiniment tragiques, celle de la mort : maladie, accident (j'en ai connu) et surtout suicide qui ne cesse de m'interroger. Jamais je n'oublierai M. que j'ai suivi pendant plus de quinze ans, parfois de très loin, avec de longues interruptions et dont le destin tragique encore m'obsède ; avec lequel il m'arrive de m'entretenir, comme si de là où il est désormais mes pensées pouvaient l'atteindre.

Je me souviens de la première fois où je l'ai vu, il avait un peu plus de quatorze ans, était fils unique… Il était venu me voir accompagné de ses parents et déjà son instabilité, sa nervosité ainsi que l'aigu de son intelligence m'avaient frappée. On comprenait assez vite l'intensité des relations qu'il avait avec ses parents – la mère surtout à ce moment-là –, malgré le désir apparent qu'il avait de s'en séparer et le sentiment qu'il dissimulait quelque chose. Menacé de redoublement, il souhaitait être placé en pension. Son souhait fut réalisé mais alors qu'il était convenu qu'il suivrait une thérapie dans la ville de son pensionnat, il s'y refusait et choisissait de venir me voir tous les quinze jours lors de son week-end à Paris. Manière pour lui, je crois, de ne pas se lancer dans une thérapie sérieuse, ce qu'il ne voulait pas. Deux ans après, il fut finalement renvoyé de son pensionnat pour usage de drogue. De retour à Paris, dans une boîte à bac, il venait me voir sur ordre de ses parents et, dès sa majorité, a pris congé de moi comme il se l'était promis et m'en avait informée, tout en m'assurant qu'il m'aimait bien et reviendrait de son plein gré s'il en éprouvait le besoin.

Je me souviens ensuite de l'itinéraire décousu qui fut le nôtre avec de longues périodes où j'étais sans nouvelles de lui. Il revenait pourtant, ayant consulté d'autres psys avec qui les relations ne duraient jamais plus longtemps qu'avec moi, tourné vers de nouveaux projets avec l'optimisme exagéré de celui qui, pris de doute, se persuade lui-même de sa capacité à les réaliser. C'était, pourtant, toujours le même désespoir qui s'échappait en bouffées, qu'il tentait de dissimuler avec élégance. Après avoir sonné, il se collait à la porte pour dissimuler son visage à d'éventuels voisins… tombant presque quand celle-ci s'ouvrait, honteux de consulter un psy, de passer pour fou, déçu de ses vaines tentatives pour s'en sortir tout seul, sans médicament, sans paroles. Les dernières années, il avait quand même accepté l'aide d'un psychiatre. Je me souviens de son exigence dans la relation, de la façon dont il débusquait toute banalité ou propos facile *(« ne jouez pas au psy »)*, de son exigence de respect, lui qui en manquait tellement envers lui-même. Je me souviens de ma surprise chaque fois que, sous l'emprise de son cocktail habituel, médicament-alcool-shit, les yeux ailleurs, agité, il abandonnait brusquement le désordre de ses paroles pour, avec une autre voix, d'autres mots, sur un rythme combien plus lent, s'approcher enfin de lui-même.

Il a attendu qu'il y ait prescription, que plus rien ne puisse être tenté sur le plan juridique pour parler. Pour que l'on sache enfin – et d'abord ses parents – ce qui lui était advenu quand il était un petit garçon de douze ans. Qu'il avait été séduit par le frère aîné d'un de ses très proches amis, qu'il avait aimé ce très jeune homme et éprouvé du plaisir dans leurs relations charnelles. Cela avait duré jusqu'à son départ à l'étranger avec ses parents. C'était cela le secret qu'il portait en lui.

Il protégeait encore celui qui lui avait fait découvrir si tôt la sexualité et le plaisir. Il était partagé entre l'amour et la haine, la culpabilité et la nostalgie : *« J'étais heureux, j'étais sa petite femme, j'avais à la fois l'amitié et l'amour... j'avais tout... j'étais heureux. Mais ce type m'a bousillé ; il a fait entrer le sexe dans ma tête et depuis je suis hanté par ça : le sexe, le sexe, le sexe... Je voudrais lui arracher les couilles à lui et, plus encore, au pédophile qui l'avait rendu comme ça. »*

Il regrettait que personne n'ait compris à l'époque ce qui se passait dans la chambre de ce pavillon, en banlieue, pour intervenir et le délivrer malgré lui : *« Pourquoi personne ne s'en est rendu compte, il y avait les draps quand même ? sa mère ? la mienne ? »*

J'ai, comme elles, été aveugle, sourde. S'il avait parlé quand je l'ai connu, à l'époque de ses quinze ans, il eût été possible, je crois, de modifier le cours des choses. Je n'ai pas compris ni subodoré que son symptôme, l'usage de la drogue renvoyaient à une séduction infantile. Il était fort habile à dissimuler et d'autres raisons apparaissaient vraisemblables. La drogue seule, disait-il, lui permettait d'oublier ou de revivre. Lorsque je lui ai fait part de ma colère envers moi-même, de mon sentiment de faute professionnelle, il était assez fier d'avoir été le plus fort, d'avoir si longtemps gardé le silence, d'avoir porté des masques et lancé sur de fausses pistes. Manipulateur et intelligent, il avait sciemment créé la confusion et seule une part infime de lui-même aurait souhaité, comme autrefois, que la vérité soit révélée.

Quand il s'est enfin confié, j'ai cru qu'il n'était pas trop tard, qu'il n'était pas encore trop avancé dans sa propre destruction, dans cette haine de lui-même qui le poussait à prendre des risques insensés. Il se persuadait qu'il était encore possible d'avoir une vie normale, de reprendre des études, de vivre avec la jeune fille qu'il aimait (elle aussi victime d'un viol… est-ce vraiment un hasard ?), de ne plus faire souffrir ses parents (son tourment), de leur offrir un jour un petit-enfant qui serait un autre lui-même, tout neuf, qui réparerait le mal qu'il leur avait fait et qui le torturait. Et il disait dans la même séance, aussitôt après avoir caressé des rêves d'avenir :

« *Je ne veux pas crever tout de suite ; si je continue à fumer, à boire, à shiter, c'est fait ! Je ne veux pas vivre pour mes parents, pour réparer le mal que je leur ai fait. Je ne veux pas vivre sous la dépendance de ma mère, par rapport à son désir à elle comme quand j'étais tout petit ; je ne veux pas vivre dans ce petit couple avec C.* (sa compagne) *pour lui faire des enfants et donner des petits-enfants à mes parents. Je veux vivre par rapport à moi, avec ma sexualité à moi, avec mes tendances sadiques : sexe, mort, violence ; avec mes tendances maso : me faire fustiger, battre, violenter. Peut-être que je vivrai avec un homme. Peut-être que je vivrai avec une femme… Depuis que X. me l'a fait découvrir, le sexe m'a pris la tête, oui, le sexe m'a pris la tête.* »

Il vivait l'horreur de la division. On retrouve en lui, quelles qu'aient pu être par ailleurs ses difficultés d'enfant unique, si désiré, si précocement doué, si investi par sa mère, les séquelles psychiques résultant d'actes de séduction vécus dans l'enfance : épisodes dépressifs intenses, éclatement de la personnalité conduisant aux portes de la folie, difficulté à trouver les voies de la sexualité. S'y ajoutent la passivité, la soumission, la position de victime à quoi ces êtres séduits semblent condamnés ou plutôt fixés. Ils sont épinglés comme des papillons ; quelque chose émane d'eux qui fait que les autres les maltraitent, se comportent de façon sadique avec eux, qu'ils deviennent objet de la jouissance de l'autre. Ils suscitent la méchanceté : on se permet avec eux ce qu'on ne s'autoriserait avec personne d'autre. Ils font commettre aux autres sur eux l'horreur de ce qu'ils n'osent commettre eux-mêmes tant ils se haïssent. M. se considère comme un déchet, une ordure, un raté, une merde ; il se maltraite et met les autres dans une sorte d'obligation à le maltraiter. Il n'a pas d'amis ; il suscite le dégoût ou la pitié. Il ne peut compter que sur ses parents. Il se hait d'autant plus qu'il est dans la nostalgie de cet autrefois où il a découvert la jouissance.

Toutefois, son véritable paradis perdu se situe plus avant dans le temps, quand il était tout petit, avant la faute, le temps de l'innocence, les voyages en voiture avec ses parents ; tous les trois, en route vers un avenir.

Ce temps qui ne reviendrait pas, il en rêvait et ne pouvait s'en séparer. L'image de ce trio indivisible l'habitait et l'empêchait d'opérer une séparation psychique qui l'eût laissé seul. Il avait toujours ses parents avec lui, en lui ; il était encore le petit garçon les appelant silencieusement à l'aide dans la fascination, la jouissance et l'effroi de ce qu'il est en train de vivre. Comme s'il ne pouvait les laisser tranquilles ; comme si, alors qu'il proclamait si haut le contraire, il ne pouvait supporter qu'ils vivent pour leur propre compte, qu'ils oublient un instant son existence. Leur attention était le fil qui le soutenait. Il leur reprochait de le mettre au centre de leur vie mais il faisait tout pour qu'il en soit ainsi. Son fantasme : retrouver l'ancien trio, l'ancienne complicité, l'ancien état des choses et repartir de zéro.

Les cocktails qu'il se fabriquait en mélangeant les médicaments prescrits par le psychiatre, l'alcool et le shit l'aidaient à oublier, à survivre : *« Quatre-vingt-dix pour cent de ma vie se passe dans la tristesse, la frustration, l'ivresse, la colère, le désespoir »*, disait-il. Malgré tout je n'abandonnais pas tout à fait l'espoir que son avenir soit meilleur que son passé, malgré ces notes retrouvées, que j'avais prises quelques mois avant sa mort : « Comment supporter cette horrible douleur ? Son désespoir sans fond, son analyse lucide et désespérée de son état présent et de son futur. L'obsession du sexe et de l'alcool. *« C'est peut-être ça qui m'a sauvé de la folie »*, dit-il, mais il est dedans, il est dans le tourbillon fou d'une douleur incessante, qu'il cherche à fuir et qui l'encercle. Son désespoir m'envahit : il me semble qu'il s'avance vers sa mort, vers la désagrégation de lui-même et je ne trouve pour lui, ou il ne trouve par moi, aucune issue. Il n'y a que dans la violence physique et le sexe, le sordide du sexe qu'il trouve une forme de jouissance qui l'apaise un instant. Autrement, sa vie est un désert. »

Je l'ai vu très rarement la dernière année. Il voulait désormais payer lui-même sa thérapie mais l'argent filait ailleurs. Il s'est fracassé contre la réalité. Je me souviens de nos derniers entretiens, surtout de celui dont je ne savais pas que ce serait l'ultime. Il y avait toujours cette lucidité dans le bilan : les échecs universitaires, la crainte de la dégradation de ses capacités intellectuelles et créatrices, le besoin d'expériences violentes, au scénario de plus en plus compliqué, et la haine de soi qui en découlait. Il constatait son incapacité à vivre avec la femme qu'il aimait une vie sexuelle « normale » entérinant la fin du rêve : mariage, enfant réparateur, famille nombreuse même. Mais il y avait quelque chose de neuf, il s'affirmait autrement, comme s'il réalisait qu'il ne faisait plus partie du couple parental, qu'il avait à vivre seul sa vie ; qu'il la détenait.

Nous avions un dernier rendez-vous avant son départ en vacances. Il n'est pas venu. J'étais habituée.

Il y a déjà plusieurs années qu'il a mis fin à sa vie. Ou plus exactement qu'il a choisi un moyen plus radical d'y mettre fin. Pourtant, je continue souvent le dialogue interrompu.

Je n'ai pas su l'aider. Je n'ai pas assez tôt perçu le sens de ses symptômes, deviné la raison première de son éclatement psychique. Plus tard, je crois avoir participé à la prise de conscience de sa propre liberté. Je ne souhaitais pas qu'il en fasse ainsi usage. Dans la seule lettre qu'il m'ait jamais écrite, deux ans environ avant son suicide, il s'interrogeait déjà : « Mort, ne laisserais-je pas enfin les gens que j'aime vivre en paix ? »

Florentine

Je l'appelais ainsi *in petto* sans qu'elle n'en sache rien. La couleur et l'abondance ondulée de sa chevelure, son teint clair, la beauté classique et spirituelle de son visage quand il est apaisé, ses yeux d'océan inspirent ce nom que je lui donne.

Nous nous sommes fréquentées quelque dix-huit ans, non que l'analyse se soit poursuivie aussi longtemps, mais une fois arrêtée la cure proprement dite (qui dura longtemps), elle venait me voir de façon irrégulière quand elle éprouvait le besoin de renouer avec les fils de son histoire dont j'étais dépositaire. Pour la poursuivre, exprimer le sens de ce qu'elle était en train de vivre. Je suis parfois restée longtemps sans nouvelles… nos rencontres étaient très espacées : un an, six mois ou plus. Quand elle m'appelait, c'était toujours le signe qu'il s'était passé quelque chose ou dans la réalité ou dans son évolution psychique et qu'elle éprouvait le besoin d'élaborer à voix haute, devant le témoin que j'étais pour elle. S'ensuivait une séance ou plusieurs… jusqu'à la prochaine fois.

Il s'agit ici d'une alliance mère-fille autour de la souffrance et de la maladie de la mère ; alliance qui interdit à la fille, Florentine, d'exister pour elle-même et l'empêche d'accéder à sa féminité. Pour y parvenir, il lui fallut emprunter des chemins tortueux. Et, d'abord, sortir de cette place d'objet comblant (de jouissance ou de substitution) où elle était fixée.

Florentine est venue me voir à l'âge de seize ans ; elle préparait alors son baccalauréat de français. Le médecin qui soignait sa mère et qu'elle avait consulté me l'adressait pour une éventuelle thérapie en raison « d'un traumatisme d'enfance ». Les deux premières années, le rythme était d'une séance par semaine, puis nous sommes passées à deux, voire trois séances hebdomadaires. Elle a toujours payé avec de l'argent qu'elle gagnait elle-même en donnant des leçons ou en faisant des travaux parallèles à ses études. Et selon le tarif que je pratiquais pour les étudiants. Par la suite, gagnant normalement sa vie, nous avons revu le tarif. Hormis quelques tentatives rares et infructueuses de la pratique du divan, la cure s'est entièrement déroulée en face-à-face.

Le cadre familial

La famille se compose du père, de la mère et de deux filles nées à quelque huit années d'écart. Le père est issu d'une famille petite-bourgeoise française et citadine, dernier de quatre enfants, deux filles et deux garçons. Il a perdu sa mère alors qu'il était un jeune adulte. Il s'est toujours estimé inférieur à son frère aîné qui jouissait d'une aura particulière, même si grâce à son intelligence, son courage et son travail, il a accédé à un statut professionnel enviable. Il a reçu une éducation stricte ; peu ouvert sur l'extérieur, autoritaire, inquiet, voire même angoissé, il est exigeant et sévère concernant les études de ses filles. Il s'investit dans son métier pour lequel il a du goût. Doué d'une grande vitalité, il est aussi capable durant les périodes de détente – les vacances et certains week-ends – de faire du sport et de manifester de la joie. Il est de culture catholique mais non pratiquant.

La mère, d'origine modeste, juive sépharade, conserve un fort attachement à ses racines et à ses nombreux frères et sœurs. Ses parents avaient eu neuf enfants dont sept encore vivants. Tous avaient été élevés, comme elle, à la dure par une mère qui dominait la nombreuse famille. Elle est la dernière. Elle n'a été que peu scolarisée et en garde un certain complexe vis-à-vis du père. Pourtant, elle fait preuve d'une intelligence aiguë, de curiosité et d'ouverture d'esprit, de capacité de réflexion ; elle est vive et vivante jusqu'à la déclaration d'une maladie rare, inguérissable, qui la fait terriblement souffrir. J'ai eu – fait unique dans ma carrière – l'occasion de la voir une fois, par surprise. Sa fille était depuis peu en thérapie, quand, un jour, on sonne à ma porte à une heure inhabituelle. En ouvrant, je me trouve en face d'une femme inconnue qui me dit être la mère de Florentine. Elle voulait me parler. Après avoir hésité, je l'ai reçue ; elle m'a fait part des inquiétudes qu'elle se faisait sur sa fille ; je sentais surtout qu'elle m'observait. J'ai bien entendu parlé de cette rencontre-surprise avec sa mère à Florentine. Ultérieurement, elle n'est jamais plus intervenue.

Les parents se sont rencontrés jeunes, mais ne se sont pas mariés tout de suite en raison de la guerre d'Algérie qui les contraint à de nombreux échanges épistolaires. Ils sont différents par le caractère, l'éducation, les origines et les références culturelles. Afin qu'aucune des deux familles ne soit privilégiée auprès des enfants, et dans le désir d'inventer, ensemble, une cellule familiale nouvelle et « modèle », ils se mettent d'accord pour ne rien transmettre de leurs héritages culturels et religieux réciproques. Le silence sur de nombreux sujets fonctionne comme un tabou et constitue une sorte de béance que Florentine ressent avec force. C'est au cours de son analyse par exemple qu'elle s'est intéressée à la judéité de sa mère, à l'Holocauste, a commencé à lire la Bible, etc.

L'enfant de la souffrance maternelle

Florentine est une enfant très attendue et désirée par les parents qui désespéraient d'avoir, un jour, un deuxième enfant. Ils souhaitaient un garçon. La naissance a été « terrible » en raison de la maladie débutante de la mère. « J'ai détruit en naissant la relation de couple de mes parents. Après, ils n'ont plus jamais fait l'amour », dira Florentine. Propos que je prendrai d'abord pour un fantasme avant que la véracité en soit reconnue, plus tard, par la mère elle-même.

Elle n'a jamais connu sa mère en bonne santé. Elle a entendu parler, comme d'un « avant » un peu mythique, d'une femme gaie, vive, élégante et pétulante. Elle l'a connue le plus souvent souffrante, courant d'un médecin à l'autre à la recherche, sinon d'une guérison qu'elle savait impossible, au moins d'un soulagement à sa douleur et à son incapacité grandissante. Elle conservait cependant une étonnante force vitale qui lui permettait, dès cette époque et plus tard, de ne pas apparaître avec le seul masque de la douleur. Petite, Florentine ne s'éloignait pas de sa mère qui, ne pouvant ni courir, ni se déplacer rapidement la gardait auprès d'elle, à ses pieds. Elle se souvient de l'ennui de sa mère, qui n'avait pas une vocation de femme d'intérieur, et du sien, dans cette grande banlieue aux maisons isolées, chacune dans leur jardin, et où, à l'époque, il n'existait encore que peu de moyens de transport, où la vie sociale et culturelle était peu développée. En outre, la mère était assez solitaire car elle avait, par défiance envers les regards étrangers, créé peu de liens. Comme elle ne pouvait se séparer de Florentine, celle-ci n'a eu de contacts avec d'autres enfants de son âge qu'en grande section de maternelle.

Depuis toujours Florentine a eu une conscience aiguë de la souffrance maternelle : « *La souffrance de ma mère, cette souf-*

france inégalable, indicible, inapprochable, "tu ne peux pas comprendre, tu ne le vis pas, etc.", cette mère à laquelle je n'ai pu de ce fait m'identifier... m'a plongée dans une programmation de moi-même pour la soigner, en sachant cela impossible. Mais je ne pouvais pas faire autrement, il fallait que j'espère... Cette réalité trop lourde, trop fatale, trop insupportable m'a perdue. Je me suis oubliée pour m'adonner à cette tâche impossible qui était de lui permettre de se ressourcer à mon regard. J'ai saisi trop tard, à l'adolescence, mais en fait bien avant, que JE n'existais pas. »

Elle ajoutera : « *J'ai l'impression que je n'ai été heureuse que dans les moments où je lâchais la matrice dans laquelle je me trouvais et qui m'étouffait...* »

La mission de Florentine est d'être auprès de la mère, de guetter sa souffrance et de la porter avec elle, de tenter de l'en distraire... elle ressent tout ce qui la traverse car elle fait partie d'elle.

Durant une bonne partie de l'analyse qui fut violente, difficile, nous avons expérimenté les multiples facettes du lien qui l'attachait à sa mère, dont elle s'efforçait de se défaire, dont elle ne voulait pas se défaire par crainte de la faire mourir et plus obscurément peut-être par une sorte de jouissance qu'elle y trouvait. Je lui inspirais des sentiments variés, instables et violents. Elle me guettait, cherchait à me prendre en faute, à me faire sortir de mes gonds, à débusquer le sens caché de toute parole. Elle était terriblement méfiante, ironisait sur ma fausse patience, ma fausse bonté. Elle cherchait à me démolir et se rendait sourde à ce que je pouvais lui dire. Elle me testait et m'éprouvait :

« *J'étais envers ma mère,* dira-t-elle, *dans une logique d'attachement et non d'amour. Et cet attachement qui la fait vivre me menace de mort. Lorsque vous me dites que vous n'en pouvez plus de cette traque, de cette haine systématique que je vous adresse, j'ai réalisé que vous me demandiez de l'espace... ça voulait dire que vous vivriez mieux sans ma présence. J'ai réalisé que je ne vous étais ni nécessaire, ni utile, qu'autre chose vous faisait vivre, que vous pouviez fuir la mort et la haine... Vous existez et de ce fait vous me reconnaissez existante. Je ne participe pas à votre raison d'être.* »

Elle me cherchait comme une mère qui, sans souffrance, n'aurait pas *besoin* d'elle pour vivre et donc la laisserait exister pour son propre compte. Elle pouvait alors abandonner cette position ambivalente d'anéantissement d'elle-même et de toute-puissance : j'appartiens à la mère, je suis tout pour elle ; je n'existe pas, mais j'ai aussi tout pouvoir sur elle.

Florentine me montre sa souffrance comme sa mère lui montre la sienne et elle attend de moi que j'agisse comme elle agit vis-à-vis de sa mère. Les places changent ainsi, selon la nécessité, parfois plusieurs fois par séance : tantôt je suis la mère et elle la fille ; tantôt, elle est la mère et je suis la fille (c'est-à-dire elle). Elle expérimente toutes les positions psychiques connues dans l'enfance et qui se perpétuent encore.

« *En fait, je ne peux pas supporter que vous regardiez ma souffrance sans que cela vous aliène et vous atteigne comme ce fut le cas de moi vis-à-vis de ma mère... Vous avez à peu prés l'âge de ma mère, vous êtes en bonne santé, je guette le moindre affaiblissement et je vous fonce dessus quand je vous sens trop en forme. Si vous êtes affaiblie, je vous respecte et cesse le harcèlement ; si vous êtes forte, je vous assène ma souffrance et vous accule à l'impuissance mais aussi à l'impossibilité d'abdiquer. Je vous maintiens dans l'effort, dans l'urgence d'une solution ou d'une réponse à trouver, dans l'urgence à penser quelque chose.* » Cette urgence même dans laquelle sa mère la fait vivre depuis toujours.

L'enfant abusé

Les relations de Florentine avec sa sœur aînée, Suzanne, sont difficiles, les huit années d'écart pèsent ; celle-ci se moque d'elle, de ses lectures et la traite en bébé, notamment lors de réunions familiales où elles se retrouvent avec les cousins. Elle assiste avec ironie, elle qui ne porte que des pantalons, aux tentatives maladroites et vaines de la mère pour que Florentine, à six ou sept ans, accepte de porter des robes, des jupes. Mais, plus grave, il semble que chacun des parents tisse une relation exclusive avec l'une des deux sœurs : Suzanne est la fille du père, fier de ses brillants résultats scolaires ; Florentine, la petite dernière, celle de la mère. L'une et l'autre souffrent, et souffriront de plus en plus, d'une situation qui les rend rivales face au « parent » de l'autre. Ainsi, dans les paroles de la mère, Florentine était-elle sage, gentille, soumise et Suzanne, au contraire, méchante, désobéissante et insoumise. *« Mais, elle, au moins, était reconnue dans son être »*, dira Florentine. C'était comme s'il n'y avait pas la possibilité d'être deux et différentes dans l'amour du père ET de la mère.

La souffrance suscitée par la complexité de ses relations avec Suzanne, par le sentiment de ne pas exister à ses yeux, de ne pas être respectée pour qui elle est reviendra souvent en analyse.

Florentine vit un peu comme une enfant unique ; en outre, du fait de son entrée tardive à l'école et de l'étroite surveillance maternelle, elle ne parvient guère à nouer des liens avec ses camarades de classe. C'est pourtant la mère, d'habitude si méfiante, qui l'invite à entrer en relation avec Charlotte, une des enfants de la famille qui occupe le pavillon d'en face. Celle-ci, un peu plus âgée que Florentine, accepte de partager ses jeux ; elles pourraient peut-être devenir amies.

Pour la première fois, quelqu'un d'autre que la mère entrait dans la vie de Florentine et manifestait l'envie de s'approcher d'elle. Cela ne lui était jamais arrivé... Elle découvrait aussi une autre famille de quatre enfants, très différente de la sienne, où régnait le désordre, où il était possible de ne rien faire et de s'affaler devant la télévision. Un monde d'odeurs animales et humaines, *« un univers sexué »*, dira-t-elle plus tard, en opposition radicale avec l'univers aseptisé parental, propre, ordonné d'où n'émanait ni sexualité, ni même sensualité. Les relations physiques impossibles entre les parents posaient une question douloureuse non formulée – un tabou de plus – dont le poids se faisait sentir.

Florentine est rapidement sous l'emprise de Charlotte, de quatre ans plus âgée, qui l'a très vite initiée à des jeux sexuels : caresses sur tout le corps, le sexe, baisers, etc. Les parents ne se doutaient de rien : le père travaillait à l'extérieur ou jardinait ; la mère restait dans la pièce à côté. Bien sûr, Florentine éprouvait une grande culpabilité vis-à-vis de ses parents, elle sentait que c'était mal mais elle gardait son secret car elle aimait Charlotte qui lui avait fait promettre de ne rien dire.

Cette relation a duré plusieurs années jusqu'à ce que Charlotte y mette brusquement fin à un retour de grandes vacances. Elle se met à fréquenter des garçons, puis elle se mariera très jeune. La douleur de Florentine était immense ; elle avait été abandonnée, sans mot dire, sans que cette relation qui la rendait vivante et la libérait de la mère soit jamais évoquée. Lors d'une rentrée, à l'issue des grandes vacances… plus rien. Longtemps après, quand elles se croisaient, Charlotte faisait comme s'il ne s'était jamais rien passé entre elles, qu'elles n'avaient même jamais été amies.

Il y avait le regret du bonheur, la culpabilité, la conscience d'un savoir qui lui rendait difficile le contact avec les jeunes de son âge : *« J'avais été introduite à un monde qu'ils ne connaissaient pas, et que je n'aurais pas dû connaître, cela me séparait d'eux. »*

Il y avait la souffrance de l'abandon, l'absence de paroles qui faisait douter de la réalité de ce qui s'était vécu ; il y avait le corps qui garde parfois mieux que l'esprit le souvenir :

« Mon corps est pris dans la gangue de la culpabilité. Le bonheur que j'ai vécu avec Charlotte… puis la douleur ineffable de la séparation sont revenus… Le bonheur surtout, la douleur aussi. L'amour pour un être, je l'ai vécu totalement, sans retenue, et là, je ne vous autorise pas, ni quiconque à le nier. Cet amour est différent de celui que j'ai pu éprouver pour un homme mais j'avoue que mon âme a la nostalgie profonde de ces moments où j'ai aimé d'un amour inclassable que personne ne peut comprendre… Il n'y a pas de mots à cet amour… Avec Charlotte j'ai vécu l'altérité, une altérité réelle. C'était l'autre par excellence. »

Amour ? Plutôt jouissance, car parallèlement à ces mots qui m'étaient écrits, il y avait les paroles concomitantes et discordantes qu'elle prononçait. Celles-ci dénonçaient le viol psychique, l'effraction, l'intrusion d'une sensualité et d'une sexualité décalées par rapport à son âge et son niveau d'expérience et la position de soumission qui lui était imposée. Florentine vivait la terrible ambivalence des enfants victimes d'attouchements sexuels où la jouissance ressentie renforce la culpabilité. Les séquelles de cette relation vont lourdement peser, la conduisant à une détestation d'elle-même dont feront preuve ses conduites à risques ultérieures.

Lorsque Charlotte disparait de son univers, Florentine se retrouve très seule car, après des études brillantes dans une grande école d'ingénieur, sa sœur Suzanne se marie et quitte la région.

Florentine est, *de facto*, de plus en plus incluse dans le fonctionnement familial réduit à ses deux parents, isolés dans leur souffrance respective. Elle s'efforce de les contenter, de les guérir, de se racheter, le poids de la culpabilité au fond de son cœur. Celle-ci la contraint, l'adolescence venue, à s'ouvrir auprès de sa mère de la nature de ses relations avec Charlotte. C'est alors que la mère en parle à son médecin qui me l'adresse.

La quête du JE

Si les parents continuent à s'aimer, l'absence de relations sexuelles accroît la tension, fait éclater les divergences et empêche le père d'occuper pleinement la place qui serait la sienne auprès de la mère, ce qui aurait sans doute permis à Florentine de s'éloigner psychiquement. Mais elle est, au contraire, ballottée entre ses deux parents dont elle perçoit les faiblesses respectives ; elle souffre quand éclatent les disputes qui servent d'exutoire à leur insatisfaction réciproque. Elle ne sait trop comment guérir l'une et calmer l'angoisse de l'autre. Elle a pris conscience du vide qui les sépare, du blanc de leur relation, même si, encore aujourd'hui, elle se rappelle les avoir vus danser ensemble avec plaisir et sensualité.

Le père, très proche de sa fille aînée, ne parvient pas à voir Florentine telle qu'elle est, ni à couper le lien qui l'attache à la mère. Lorsqu'elle était petite, lui qui restait nostalgique d'un fils, flattait ses jeux garçonniers, jouait avec elle au ballon, faisait des balades en vélo. Après le départ de la fille aînée, Suzanne, qui le plonge dans une véritable dépression, il cherche à la retrouver dans celle qui lui reste et il ne parvient pas, sinon à l'aimer pour elle-même, du moins à comprendre qui elle est et quels sont ses besoins. Il faut que Florentine travaille aussi bien que sa sœur, soit bonne dans les mêmes matières qu'elle, réussisse aussi bien qu'elle. Il lui faut être « pareille » pour éviter tout conflit avec lui et en obtenir, peut-être, un regard de reconnaissance. Les goûts artistiques de Florentine, notamment son oreille musicale et son don pour le piano, son attirance pour les lettres, demeurent incompris. Ces domaines inconnus effrayent le père, car, plus que tout, il craint pour sa deuxième fille l'échec dont lui-même se sentait menacé par rapport à son frère aîné. Le père surveille ses études de façon sévère et pointilleuse, cherche à la modeler sur sa propre pensée, l'oriente vers les matières qui comptent à ses yeux, les sciences. Après son échec en médecine, Florentine se dirigera vers psycho mais se sentira très longtemps insatisfaisante pour le père ; en échec.

Le père, du moins est-ce ainsi qu'elle le perçoit, ne lui renvoie pas l'image de sa féminité. Quant à la mère, nostalgique de sa féminité passée, elle ne favorise pas la naissance de la femme en cette fille qui la comble en tant qu'objet et en tant qu'enfant ; devenant femme, elle serait peut-être une rivale en qui elle reverrait tout ce qu'elle a perdu. Quant à Florentine elle-même, elle ne peut s'identifier complètement à cette mère malade qui, malgré tout, enfant, lui signifiait bien qu'elle était une fille. Comme elle n'a pu d'ailleurs s'identifier à Charlotte :

« *Je ne me suis pas identifiée à son corps mûrissant. Elle me disait que j'allais être comme elle mais pour moi c'était impensable. Du reste, on s'est connues le plus fortement quand elle n'avait pas de seins, ni de poils au pubis... Quand elle a commencé à avoir ces signes quelque chose a changé en elle, elle cherchait un homme, elle devenait méchante envers moi, me rejetait. Elle arborait ces signes féminins comme si je ne pouvais, moi, en être digne... C'est avec elle que j'ai commencé à me sentir moche, nulle, insignifiante, jusque dans mon être pas encore sexué... Je n'avais aucune sensation de féminité. J'ai été élevée, éduquée comme un garçon... J'ai aimé des garçons en m'identifiant à eux dans ce qu'ils étaient... Mon corps était meurtri de cette identité masculine qui l'alourdissait dont j'avais si tôt le complexe... Je ne sais si, cela, je parviendrai à me l'ôter du corps. Cette impression de mal dégrossi, de massivité... je connais mieux l'identité masculine...* »

Cette quête d'un JE – et d'un JE-FEMME – est épuisante. En séance, la souffrance de Florentine ne s'exhibe pas ; elle suinte d'elle, déforme ses traits. La location d'une chambre d'étudiante, donc l'éloignement géographique, favorise sa prise de distance avec ses parents et constitue un premier petit pas vers l'affirmation de son autonomie psychique. À l'extérieur, dans la vie sociale ou personnelle, elle se risque à des expériences extrêmes au péril de sa vie. Une activité professionnelle épuisante auprès d'adolescents utilise sa capacité à entendre, à deviner la souffrance d'autrui et à la situer psychiquement. Mais elle ne sait comment se protéger puisqu'elle ne se donne pas encore suffisamment de place, ne s'aime pas, ne se respecte pas. Elle ignorera encore longtemps ses besoins propres ; elle « est » pour autrui.

Pourtant, elle saura traverser sans effondrement la maladie de son père pressentie depuis longtemps : *« Il se fabrique un cancer, je le sens, je le sais »*, puis sa mort, ainsi que le décès de sa mère peu d'années après.

Mais il lui faudra des quêtes successives auprès de femmes pour faire, enfin, la rencontre qui lui permettra de se retrouver. Seule une femme profondément aimante, respectueuse de sa personnalité, la considérant comme sujet pouvait définitivement couper le lien qui l'attachait à sa mère au-delà de la mort. Seule cette relation a pu la faire sortir de sa place d'objet de l'autre, expérimentée dès sa naissance, poursuivie avec Charlotte et dans presque toutes ses relations ultérieures, notamment professionnelles.

Seule une femme, L. pouvait donner vie à la part féminine d'elle-même restée fixée dans l'enfance, la préadolescence. Dans cette rencontre, l'une et l'autre se donnent ce qu'elles ont reçu et qui a manqué à l'autre. Florentine trouve sécurité, stabilité et repos. *« Je l'aimais et l'investissais comme objet d'amour, ce qu'elle avait insuffisamment vécu avec sa mère et elle m'aimait en tant que sujet. »* À partir de cette halte, elles ont pu se séparer charnellement et emprunter les voies de la différenciation.

Florentine m'écrira bien longtemps après : *« Reste que ce qui s'est vécu là relève aussi pour moi d'autre chose, comme si cette expérience positive d'amour et de respect avait pu laver ce corps, le mien, de la honte, de l'avilissement, lui redonner dignité à vivre. L., au parcours de vie et à l'organisation psychique assez exceptionnels, a pu reconnaître cette expérience comme positive et l'assumer pleinement sans m'en rendre coupable à la sortie. Ce qui m'a permis de l'assumer moi-même dans sa dimension mystérieusement réparatrice… L. n'était pas manipulatrice et, pour la première fois, je vivais les bienfaits d'une relation saine, désintéressée. J'ai repris par elle confiance en la vie parce que notre expérience est passée par le cours du trauma et a pu, de ce fait, suturer la plaie et permettre la renaissance d'une intériorité physique et psychique. Si nous n'avions pas fait, l'une et l'autre, un parcours analytique de qualité, nous ne nous serions jamais rencontrées et cette expérience n'aurait pas pu se vivre. Ce sont nos vigilances et nos traversées qui ont permis de vivre, à cet endroit, ce que nous avions à vivre. Il s'est bien agi d'une traversée. Nous n'avons ni l'une ni l'autre l'envie d'y retourner. Le souvenir m'en paraît même étrange, mais je reconnais pleinement cette expérience comme étant mienne. Je n'en éprouve aucune honte.* »

Je constaterai, une fois encore, que ce recours à du féminin constitue pour certaines jeunes femmes une étape nécessaire à la re-construction de leur identité féminine. Une féminité blessée par une femme, guérie par une autre femme.

L'expérience de deux autres analysantes me vient en tête ; l'une comme l'autre avaient des mères qui n'acceptaient pas leur féminité et n'avaient pas, bien sûr, des relations heureuses avec l'autre sexe avec lequel elles étaient en guerre. Pour l'une des mères cela se traduisait par des conquêtes masculines incessantes qu'elle tournait en dérision. La deuxième mère, au contraire, après deux enfants très rapprochés n'avait plus de relation sexuelle avec son mari qui fréquentait les bordels, ce dont il faisait, de façon perverse, part à sa fille.

« *Je comprends enfin ce qu'a signifié pour moi la relation passionnelle que j'ai eue avec cette femme et qui restait pour moi mystérieuse ; elle m'a réintroduite dans le féminin ; elle m'a réconciliée avec les femmes (et donc avec moi-même) envers qui je n'avais que du mépris* », m'a dit la première jeune femme, tandis que l'autre me confiait : « *Le fait de vivre une relation avec un corps semblable au mien, c'était comme si je me traitais mieux moi-même ; après, je n'ai plus jamais permis à un homme de me maltraiter ; évidemment, avant, c'est moi qui les amenais sans le comprendre à me traiter comme rien.* »

Jacques le fuyard

Il est venu, un soir à la sortie de son bureau, sur la recommandation d'une amie qui connaissait une de mes analysantes. Cadre commercial, on voit tout de suite que Jacques est habitué aux contacts, qu'il en fait son affaire ; il cherche à séduire et à convaincre. D'apparence juvénile malgré la quarantaine, sa longue silhouette, presque maigre, est élégamment vêtue avec une certaine recherche dans l'harmonie des couleurs où le bleu domine, rappelant celui de ses yeux. On les remarque immédiatement car, fort grands, ils illuminent son visage même si le regard reste impénétrable, comme opaque. Sa physionomie a quelque chose d'enfantin sans que l'on sache vraiment pourquoi, peut-être les boucles de ses cheveux et ses yeux bleus. Les mains petites et soignées sont féminines. Il se comporte comme s'il était en visite, sourit, fait des commentaires sur le quartier, sur mon bureau, les photos ou les tableaux... Une conversation mondaine qu'il mène seul. Songeur, il regarde les nombreux livres sur le mur qui lui fait face et dit : « J'adore les livres... je ne lis jamais ; au bout d'une demi-page, je suis ailleurs. » Aux questions que je finis par lui poser, il répond : « Plus tard !... je vous dirai plus tard. » De cette première entrevue, seuls me resteront en tête ces mots : « ailleurs » et « plus tard ». Comme c'est presque toujours le cas lors d'un premier entretien, ils prendront peu à peu toute leur signification.

Avec le recul, notre travail commun peut être divisé en trois périodes distinctes et de durée variable : les visites – huit mois –, la thérapie – deux ans –, et la cure analytique proprement dite – quatre ans.

Des « visites » aux séances

Jacques vient, comme il l'a souhaité, une fois par semaine. Ponctuel, d'une politesse extrême, il commence toujours par me poser des questions sur ma santé, les évènements politiques, le temps, que sais-je... il n'attend pas de réponse, c'est une sorte d'entrée en matière. Puis il s'enfonce dans le fauteuil, allonge les jambes et continue à parler, balayant de la main toute tentative d'interruption de ma part. Il se dit autodidacte intellectuel. Il se situe dans le monde des idées et des opinions. Il ne lit pas ou très peu et seulement des journaux ou des magazines, mais regarde beaucoup les débats à la télévision, écoute la radio, discute avec des copains de rencontre dans les cafés ou avec ses clients ; il a des idées sur tout mais apparaît comme fasciné par *« la réussite sociale de gens partis de rien »*. Tout ce qui pourrait le ramener au concret de son existence est fui. Il ne me quitte pas des yeux et j'éprouve une immense fatigue, ses mots m'entortillent, m'emprisonnent ; je vois se tisser une invisible toile d'araignée dans laquelle il va me prendre et me faire périr. Je me vois errer dans un épais brouillard... ou assise derrière une vitre regardant tomber une pluie tiède et douce qui empêche toute visibilité. Je me dis qu'il fera beau un jour, que l'horizon s'éclaircira, que je saurai provoquer une trouée, que je sentirai le moment et la façon d'intervenir. La ténacité de Jacques, sa ponctualité sont des signes positifs même si le bruit de ses mots constitue un masque, un paravent protecteur. Mais que se passe-t-il exactement ? Pourquoi reste-t-il aussi loin de lui-même ? Peut-être teste-t-il ma résistance ? Peut-être n'a-t-il pas encore confiance ?

Les « visites » de Jacques ont donc continué sur le même mode pendant huit mois environ. Il ne répondait jamais directement aux rares questions que je posais et faisait comme s'il n'entendait pas mes interruptions, les mots ou expressions que je relevais. Je me sentais totalement niée, inexistante, et, en même temps, trop présente, effrayante. J'avais, fugitivement, l'image d'une mère gigantesque et terrible devant un petit garçon apeuré.

Ces images qui nous viennent ont du sens. Un soir, juste à l'entrée de mon bureau, il s'arrête et dit : *« J'aime bien cette pièce avec ces livres... Ici, je me sens à l'abri... »* « Alors ! je ne vous fais plus peur ! », ai-je dit. C'est à partir de cet échange de paroles que le changement s'est produit, qu'il a cessé ses « visites » et qu'il a pu dire enfin : *« Je suis venu vous voir parce que je n'y arrive plus... jusqu'à récemment, la vie était facile pour moi, légère, puis tout est devenu si lourd, si difficile que j'ai eu peur de craquer ; j'ai eu envie de disparaître. Le suicide ? La fuite dans un pays étranger ?... Je ne sais pas encore mais je ne peux pas continuer comme ça. Vous êtes ma dernière chance... Cette amie qui m'a parlé de vous me répète que je peux vous faire confiance.* »

La thérapie : un petit garçon qui ne sait pas grandir

Bien sûr la transformation n'a pas été miraculeuse. Au début, Jacques lâchait les informations le concernant sur un ton un peu las, elles avaient si peu d'importance... l'intonation de sa voix était neutre, détachée, comme s'il n'était pas directement concerné, qu'il s'agissait de quelqu'un d'autre, qu'il me racontait un roman. Comme durant la période précédente, il commençait par un monologue sur un sujet général ne le concernant pas directement. Puis, au fil du temps, il a paru s'intéresser de plus en plus à lui-même et a cessé de parler de lui comme d'un autre ; il est devenu l'auteur de ses paroles. Ces sortes d'avant-propos derrière lesquels il s'abritait ont quasiment cessé mais je remarquerai qu'il renouait avec cette habitude lorsqu'il était particulièrement tourmenté ou qu'il s'approchait de souvenirs et de rêves difficiles à évoquer.

Jacques est le fils unique de commerçants normands, aujourd'hui retraités. La mère, auparavant, tenait dans un gros bourg une épicerie qui vendait aussi des fruits et légumes et servait de dépôt pour le pain ; le père assurait la tournée dans les villages environnants. Tous deux enfants de petits paysans, ils avaient connu la vie dure, travaillaient beaucoup, étaient fiers de leur réussite et se vantaient d'amasser un argent dont ils profitaient bien peu... Jacques croit qu'il a été désiré mais se demande pourquoi il a été placé en nourrice pendant deux ou trois ans « *jusqu'à l'entrée en maternelle* ». On lui a raconté – lui-même ne se souvenant de rien – qu'il avait beaucoup et longtemps pleuré quand ses parents, qui venaient le voir le dimanche, l'avaient définitivement repris. Il ne sait pas qui était sa nourrice, ne s'est jamais intéressé à la question et semble étonné de mon interrogation à son sujet.

Il garde un souvenir pénible de son enfance, surtout de l'école où il se montre un élève très médiocre car, dit-il : « *Je n'ai aucune mémoire, je ne peux rien retenir* » ; très sage en classe, il se rappelle qu'il s'absentait mentalement et que son esprit flottait dans une sorte de rêverie, sans contenu précis, assez agréable, jusqu'à ce que l'interpellation de l'institutrice le ramène brutalement à la réalité. Pourtant, il évoque avec plaisir une course à pied qu'il a gagnée et, surtout, l'attention que lui a portée un instituteur durant sa dernière classe de primaire, la seule année où il a obtenu des résultats corrects. *« J'aimais bien avoir affaire à un homme... En plus, il m'aimait bien et j'avais envie de lui faire plaisir... Il trouvait qu'il y avait des idées dans mes rédactions et moi j'adorais quand il nous racontait l'histoire de France. »*

Jacques avait peu de copains – il craignait leur brutalité – et ses parents refusaient qu'il fasse franchir à quiconque le seuil de leur logement. Il devait rentrer immédiatement, voir rapidement sa mère qui lui donnait son goûter et monter dans l'appartement au-dessus de la boutique où il attendait que le temps passe. Il évoque avec émotion le terrible ennui qui le gagnait alors, un cafard envahissant et paralysant. Il ne faisait rien. Il attendait.

Les parents ne s'entendaient guère, se disputaient souvent. Le père passait le moins de temps possible à la maison et, en dehors de ses tournées, allait au café, jouait aux cartes et rentrait souvent ivre le soir, ce qui provoquait des scènes violentes avec la mère. Parfois, le père pleurait. La mère était une forte femme au moral comme au physique, elle occupait beaucoup de place et débordait de tendresse envers Jacques que ses transports dégoûtaient. Il l'appelait secrètement *« la grosse vache »*. Il aimait beaucoup son père et tentait de le protéger. Parfois, il allait seul avec lui à la pêche ; ils ne parlaient pas mais *« c'était des moments bien, il m'apprenait aussi à tailler des branches d'arbre, pour en faire des personnages ou des bateaux »*. D'autres journées lumineuses sont liées au grand-père paternel qui, pendant les vacances, l'emmenait avec lui dans les champs. Là non plus il n'y avait guère d'échange de paroles mais il sentait que lui, *« le petit gars »*, il était bien aimé.

Cahin-caha, Jacques est parvenu au niveau du baccalauréat, épreuve à laquelle il ne s'est pas présenté : *« Une peur panique... j'aurais été collé de toute façon. »* Il a trouvé très vite du travail en tant que commercial dans une entreprise où il est resté malgré d'autres propositions. Il dit : *« En fait, ce sont les femmes qui ont fait mon éducation. J'ai du succès auprès des femmes... je ne sais pas bien pourquoi d'ailleurs, je n'ai jamais eu besoin de les choisir, elles viennent à moi et ça se fait tout seul... elles me trouvent tendre... c'est une partie de mon problème.* »

Dans les relations sexuelles il privilégie les caresses, les préliminaires car, souvent, la pénétration l'inquiète « *Il m'est arrivé d'avoir des pannes, car quand il faut y aller, il faut y aller, on peut pas débander* ». Il s'interroge sur sa vérité sexuelle, s'il en a une, s'il peut changer. Il se reconnaît une part féminine qui lui fait apprécier l'univers féminin, les conversations de « filles » sur les robes, les couleurs, les parfums, etc., même les petits ragots, le divertissent.

Ces femmes ont en commun le fait d'être grandes, très minces, élégantes (la moindre rondeur lui rappelle sa mère), « *d'avoir du chien et d'en savoir plus que moi* » ; il apprend donc beaucoup d'elles et comme il est curieux d'esprit, peu importe le domaine. Ses conquêtes sont nombreuses ; soit elles se succèdent rapidement, soit il mène plusieurs histoires de front. Il rencontre ces femmes dans les cafés, au spectacle, et même dans la rue où il lui arrive de se faire accoster comme si elles répondaient à une demande inexprimée venant de lui. Elles peuvent être aussi les « copines « de celle qui vient de rompre. Car, si ce n'est jamais lui qui interrompt une histoire, il sait très bien y faire pour qu'elles provoquent la rupture : ne jamais parler d'amour (il n'en éprouve pas), fuir toute habitude ou engagement, manquer les rendez-vous, ne plus répondre au téléphone ni aux lettres : « *elles finissent toujours par se lasser... au bout de quelque temps je les revois amicalement... Ça se passe toujours sans conflit... Elles ne m'en veulent pas...* ».

Depuis presque deux ans – « *une éternité* » pour lui –, en fait quelque temps avant de venir me voir pour la première fois, Claudine s'est incrustée doucement dans sa vie. Il l'a rencontrée plusieurs fois chez une de ses ex avec laquelle elle cohabitait à l'époque. Elle ne correspond pas au profil habituel. Il la décrit « *petite, mince mais avec une grosse poitrine, agréable sans être très belle, blonde, les yeux marron... elle n'a rien de remarquable* », dit-il. Ce qui l'a frappé, c'est sa douceur, sa fermeté, sa détermination et la façon qu'elle a eu de s'intéresser à lui sans lui courir après. Elle connaît sa réputation et sa réserve suscite en lui l'envie de la séduire. Ce qui n'est pas facile. Claudine est institutrice, passionnée par son métier et curieuse d'autrui. Il la revoit, par hasard cette fois, au cinéma. Il l'invite à prendre un pot qui s'éternise car elle est bavarde, lui pose des questions auxquelles il se surprend à répondre… ils se fixent un nouveau rendez-vous.

De fil en aiguille, ils entament une relation amoureuse. Il passe ses week-ends chez elle, en grande banlieue parisienne, mais continue d'occuper son studio parisien la semaine et poursuit ses conquêtes éphémères avec cependant moins d'entrain. *« Je n'en parle pas à Claudine, je ne sais pas si elle se doute de quelque chose. Le problème, c'est que je ne sais pas dire non et puis je ne peux pas rester seul… »* Cette vie, ainsi cloisonnée, lui plaît, *« sinon, je m'ennuie et, très vite, j'étouffe »*. Depuis le dernier été, il a participé à ce qu'il nomme des « escapades » homosexuelles où il se fait maltraiter et en éprouve du plaisir. Il en parle d'abord par allusion puis, au détour d'un rêve, aborde plus carrément le sujet, *« c'est mon secret »*. Son attirance pour des hommes d'apparence très virile, *« des costauds »*, est pour lui un mystère et, ajoute-t-il : *« Je paye cher mon plaisir car après je me sens très très mal et je bois trop pour oublier… Je veux pas devenir un pochtron comme mon père. »*

Parfois, il s'échappe : *« Je prends la voiture et je pars au fil des routes, sans but. Je roule vite, très vite, seul, écoutant la radio, le monde défile autour de moi, ça bouge, ça vit, il y a de la lumière, des gens, des maisons, des voitures, du bruit. Je suis dans un dedans/dehors sécurisant ; personne ne me demande, personne ne sait où je suis, pas de décision, pas de choix, pas de bataille… Parfois je me retrouve à Dieppe. J'adore Dieppe, la mer, les bateaux… je me promène sur la plage, je regarde les vagues, je pars dans mon rêve… et je rentre à Paris. »*

En vérité, son « système de vie » s'est peu à peu grippé, et il n'arrive plus à le faire fonctionner. Plusieurs facteurs le déstabilisent : le cancer des intestins dont son père est atteint et qui s'aggrave ; Claudine, la seule femme qui compte vraiment, avec laquelle il parle de lui et de sa thérapie, lui demande un enfant et le mariage ; enfin son patron qui, dit-il, le méprise et l'exploite, mais qu'il ne parvient pas à quitter malgré les offres qu'il a par ailleurs.

La cure : choisir, perdre et renaître

Une troisième étape commence. Au fil des séances, la confiance de Jacques dans la thérapie s'est accrue ; il prend de plus en plus d'intérêt à son histoire, même si le dégoût qu'il a de lui le déborde et le fragilise parfois dangereusement. Il demande à venir deux fois par semaine et à s'allonger. Cette position le trouble longtemps car elle lui évoque les longues séances de masturbation auxquelles il se livrait quand il était tout jeune en rentrant de l'école et secondairement ses ébats amoureux : *« C'est vraiment stupide d'être étendu tout seul et de parler à quelqu'un qu'on ne voit pas... le lit c'est pour faire l'amour ou se masturber, c'est pas fait pour parler... »*

Il met en place son propre rituel, toujours identique : il commence par s'asseoir sur le divan et évoquer rapidement le quotidien, le concret, puis il bascule et s'étend. Là, un coussin bien serré entre ses bras, il garde le silence, plus ou moins longtemps. L'image d'une plongée sous-marine, qu'il pratique par ailleurs, me vient en tête. Puis il prend la parole. *« Sur le divan*, dira-t-il, *j'oublie tout à fait votre présence : il n'y a personne et en même temps quelqu'un. Mais qui est ce quelqu'un ? il est neutre, autrement je ne pourrais pas dire tout ce que je dis. Surtout que chacun reste à sa place. »*

Le choix est le thème central de sa cure. Il découvre que celui-ci implique une prise de position, c'est-à-dire des refus, des engagements, une identité, l'audace de se percevoir tel que l'on est : un sujet parmi d'autres sujets. Tout l'inverse de ce qu'il a vécu jusqu'à maintenant dans cette passivité et cette mise à disposition d'autrui qui était son quotidien et qui aujourd'hui lui font honte. Le chemin est âpre, périlleux.

Au début, la plupart de ses rêves sont sans image, il se réveille brutalement avec le sentiment d'avoir échappé à un danger, à la mort ; il est en sueur, le cœur battant, il doit se lever, faire le tour de l'appartement pour vérifier les serrures, puis finalement se rendormir. Par la suite, il y aura de nombreux rêves d'animaux auxquels se mêlent parfois de terribles bêtes sauvages, mais il se sent spectateur : *« exactement comme au cinéma quand j'allais voir les films de Disney que j'adorais »*. Puis d'autres rêves de visages qui se superposent et se succèdent à toute allure *« comme quand on a pris de la drogue »*, des foules oppressantes... Il s'énerve de ne jamais être – selon lui – présent dans les rêves. Aussi s'enchante-t-il lorsqu'il se voit en rêve tel un petit poucet, trouver seul son chemin dans la forêt.

Jacques rend souvent visite à son père à l'hôpital et parvient à parler peu à peu avec lui. Son père lui confie n'avoir jamais aimé sa mère, il l'a épousée parce qu'elle était enceinte, « pas de toi ; elle a fait une fausse couche... je n'ai pas eu le courage de la quitter, j'avais rien à lui reprocher... je l'aimais pas mais elle me tenait, et puis tu es né et j'ai plus voulu partir, je t'aimais trop, toi ». Alors il s'est résigné et s'est aménagé sa vie à côté, trompant sa femme au cours de ses tournées, passant beaucoup de temps avec ses copains, buvant. « Ne fais surtout pas comme moi ! », dit-il à Jacques.

Lorsque le père décède, Jacques traverse une période tumultueuse, le père est à la fois adoré, idéalisé et haï pour sa lâcheté, sa soumission, sa fuite dans l'alcool. Il réalise qu'il se comporte en petit garçon avec tous les hommes possédant une quelconque autorité, à commencer par son patron, *« mais je ne saurai jamais l'affronter. Rien que d'y penser je tremble, je suis une lavette »*. Il comprend qu'il recherche dans les rencontres homosexuelles (qui d'ailleurs se raréfient puis cessent peu à peu) la force masculine, la violence, le châtiment, tout ce qu'il aurait voulu recevoir de son père. Une image le hantera longtemps, celle du corps de son père sous la douche qu'ils prenaient ensemble le dimanche, *« la beauté de ce corps, et de ce gros sexe... »*.

Claudine s'est montrée présente pendant la maladie du père mais sa requête est toujours là ; Jacques sait que, cette fois-ci, il doit décider. Il découvre que choisir, c'est savoir dire « non » et renoncer à un possible. Il a besoin de temps pour se dévoiler à lui-même, déterminer ce qu'il veut. *« Je vivais sans me poser de questions, je vivais pour mes parents, pour mon travail, pour mes copines, puis pour Claudine aussi... Je ne sais pas ce que signifie vivre sa vie... Vivre MA vie ? ça veut dire que j'existe, que j'ai une vie à moi... que je suis pas un animal ou une plante... Mais je veux quoi ? Je ne le sais pas encore. Je ne suis qu'une merde, un lâche, un menteur, un fuyard... N'importe qui peut s'emparer de moi, me soumettre à sa volonté. Quand je sens qu'on va me prendre pour de bon, je m'échappe... jusqu'à ce que ça recommence. Peut-être que le monde fonctionne comme ça : il y a des gens forts qui savent ce qu'ils veulent, qui réalisent des choses et il y a les autres, les faibles, les dominés, les faussement gentils. Je fais partie de ceux-là.* »

C'est alors qu'il entame une série de ruptures : avec son patron d'abord, puis avec sa mère et Claudine. Il parvient à démissionner de son travail et à choisir entre les deux propositions qui lui sont faites ; il consacre toute son énergie à sa nouvelle responsabilité.

Claudine se lasse de son indécision et lui fixe un délai pour qu'il s'engage dans une vie commune avec elle et qu'ils fassent un enfant, sinon, elle rompt. Avant la fin du délai, il la quitte « *pour ne pas la faire souffrir... je suis incapable de me décider et mon travail passe en premier maintenant... J'en ai marre d'être soumis à une pression.* »

Il se brouille enfin avec sa mère : « *Elle m'assomme avec ses pleurs de veuve éplorée et ses gémissements... mon père il est plus heureux là où il est maintenant qu'avec elle ! Je lui ai dit et elle l'a pas supporté. Elle ne veut pas me revoir avant que je lui fasse des excuses. Pour ça, elle peut les attendre !* »

Jacques se renferme dans la solitude. Il ne veut plus être l'attendrissant petit garçon ni le jeune homme que les femmes cueillent au passage. Mais il a peur : « *Je veux rester un enfant ; j'ai peur d'être un homme.* » « *L'idée de vous quitter*, me dira-t-il un jour, *d'avoir à me lever, d'ouvrir la porte, de me retrouver sur le palier, dans la rue... je refuse. Je vous demande : protégez-moi ! protégez-moi !* » Sur le divan, il se sent abandonné : « *Je me sens loin de tout et de tous ; loin de vous. Parfois, j'ai envie de tenir votre main ou que vous la posiez sur mon front. C'est impossible et si ça se faisait, j'aurais envie de vomir.* » Au fil du temps, il se transforme physiquement, accuse désormais son âge, tombe souvent malade, lui qui ne l'était jamais. Il vit pour son travail, ne sort presque plus, fuit les femmes.

Pourtant, il émerge peu à peu. La mort de son grand-père paternel, puis l'héritage de son père le contraignent à revoir sa mère. Ils parviennent à se parler, et Jacques pour la première fois de sa vie lui pose des questions, notamment sur sa mise en nourrice. La mère dit : « Ton père voulait que j'avorte de toi ; déjà, le premier, il avait réussi à me le faire passer. Toi, je n'ai pas voulu mais je lui ai promis que tu nous encombrerais pas... je t'ai mis en nourrice et puis on t'a repris et il t'a adoré. Moi, je crois qu'il m'a jamais aimée... il est resté pour toi. » Qui croire ? Que croire ? La nourrice est morte... *« C'est curieux,* dit Jacques, *j'ai toujours été effrayé par l'amour de ma mère pour moi... mais, en quelque sorte, elle m'a donné deux fois la vie... Je la comprends un peu mieux. Et puis, peu importe, maintenant c'est à mon tour de vivre. »*

Des rêves insistants où Claudine apparaît lui font reprendre contact avec elle. Les fils sont longs à se renouer mais ils décident de se pacser et d'accueillir un enfant s'il s'annonce... *« La paternité m'effraye et en même temps elle m'excite comme un défi ! Est-ce que vous croyez que je peux être un bon père ? Que je peux faire autrement que mes parents ? »* s'interroge Jacques.

Quelques séances avant la fin de la cure décidée ensemble – près de sept années se sont écoulées –, Jacques est arrivé avec d'immenses roses couleur thé, un bouquet magnifique. En souriant il me dit : *« Hier, je suis allé sur la tombe de mon père avec les mêmes roses mais rouges et je lui ai parlé tout haut... je lui ai tout raconté, ce que m'a dit ma mère, ce que je deviens, ma vie, mon analyse et que... le test de grossesse est positif : Claudine est enceinte ! C'est un scoop, ça, hein ! vous ne vous y attendiez pas... Juste au moment où je me sépare de vous ! »*

Chapitre V

LA PSYCHANALYSE EN DÉBAT

Audace ? Impudeur ? Habituellement les analysants et leur histoire sont au cœur du sujet et l'analyste n'apparaît qu'au travers de sa fonction. Son itinéraire personnel appartient au domaine réservé. Lever le silence – le mystère ? – met en évidence comment au-delà des différences de position – l'analysant demande et l'analyste « sait » – s'établit une étrange relation entre l'un et l'autre. Celui qui, aujourd'hui, tient la barre, hier encore cherchait humblement, lentement, douloureusement l'accès à lui-même et dans son accompagnement actuel il ne peut oublier d'où il vient, pas plus qu'il ne peut mettre de côté l'écho, la résonance qu'ont sur lui les paroles qu'il entend. Par le biais des analysants, l'analyste est mis personnellement et quotidiennement à l'épreuve et son écoute, sa conduite de la cure dépendent en partie de sa capacité à capter à la fois ce qui se passe chez l'analysant et en lui-même. Peut-être est-ce toucher au mythe de l'analyste tout-puissant, peut-être est-ce ébranler sa position de maîtrise… c'est dans tous les cas rappeler que le cabinet du psychanalyste est un lieu où se trament des aventures humaines. Notre métier est un artisanat, nous sommes des passeurs et notre savoir-faire, notre savoir-être s'inspirent de la pratique tout autant que des livres.

La psychanalyse véhicule toujours une image sulfureuse et dangereuse parce qu'elle modifie les êtres qui y ont recours, qu'elle apporte le désordre, incite à des remises en cause et des interrogations. Celles ci, au-delà des individus – par leur biais –, concernent la société dans son ensemble. Que serait d'ailleurs une psychanalyse qui ne susciterait aucun changement ? Qui ne transformerait pas la relation de la personne à elle-même, à ses proches, aux autres et au monde en général ?

La séparation, thème récurrent de ces pages, est bien entendu d'ordre psychique. Mais sortir d'une place attribuée et non choisie, renoncer à un attachement infantile, rompre avec un maléfice, se libérer de la prison de la répétition, se dégager de son imaginaire, créer l'espace et la distance possible avec autrui pour se poser en tant que sujet, etc., entraînent des conséquences dans la réalité. C'est cette perspective de changement et les pertes inévitables qui y sont liées qui rendent souvent si effrayante la démarche psychanalytique. Car au désir ou à la nécessité de changer, s'oppose une force contraire, l'attachement à notre mode de fonctionnement, habituel et connu, avec lequel nous négocions chaque jour. La peur de devoir toucher à ce que nous gardons au plus intime de nous-mêmes, à ce kyste ou à cette crypte où nous avons enfermé nos deuils et nos secrets, nous retient. Nous opposons résistance, nous protégeons d'un même mouvement ce qui nous est favorable et ce qui nous est ou a été nuisible.

Il est de bon ton, actuellement, de juger la psychanalyse anachronique et dépassée. Elle n'est plus à la mode, ce qui est une autre manière de l'enterrer ou de la mettre de côté. On lui reproche sa durée, donc son coût et son inefficacité, l'influence qu'elle prendrait sur des analysants asservis. Souvent, des thérapeutes d'autres obédiences (comportementalistes ou cognitivistes…) et d'autres formations (ostéopathes, réflexologues, kinésithérapeutes…) obtiennent rapidement la disparition des symptômes et les confidences de leurs patients. Mais comment s'opérera le réaménagement de la psyché après la libération de la parole ? Sous quelle forme réapparaîtra la douleur si ce qu'elle veut dire n'est pas entendu ? L'analyse ne se place pas sur le même plan que ces différentes thérapies. Pour elle, le symptôme est un signe, un langage qui renvoie à autre chose, à un ailleurs, à un avant ; il a un sens qui concerne l'ensemble de la personnalité. D'ailleurs quand il s'évanouit (trop) rapidement en début de cure, on sait qu'on va le retrouver, la plupart du temps, masqué, déguisé sous de nouveaux atours. La psychanalyse ne considère pas le patient comme un « malade » mais comme un être qui souffre dans son corps et dans son âme. Elle n'oppose pas l'esprit et le corps mais franchit sans cesse les frontières entre les deux. Elle n'oublie pas les souffrances-symptômes du corps et prend en compte les effets de la parole sur lui : migraines, éruptions cutanées, angines, maux de dos, accidents, etc.

À notre époque placée sous le signe de la rapidité, voire de l'immédiateté, la durée des psychanalyses détonne. Le psychanalyste prend son temps, c'est-à-dire qu'il ne fixe aucun délai à la cure ; il a besoin de la durée pour que l'analysant puisse accéder à son passé et à lui-même et dénouer ce qui a mis des années ou des générations à se construire ; il joue avec le temps en rapprochant tel fait immédiat à un souvenir ou une image du passé ou en écoutant l'analysant jongler, par le biais des rêves et des associations, avec toutes les époques de sa vie. Paradoxalement, le temps est son allié. La psychanalyse est anachronique dans un monde où la durée devient une valeur négative, où l'on est pris dans une exigence de réactivité immédiate, dans une logique question/réponse sans réflexion, ni mûrissement. Il devient de plus en plus difficile de faire comprendre ou tout au moins de suggérer en quoi consiste le lent chemin de l'analyse.

Ce qui distingue l'analyse des autres thérapies, c'est l'importance accordée au fantasme. Ailleurs, on l'oublie, on le chasse, on n'y prête pas attention, ce qui compte, c'est le réel et on ne prend en compte que cette réalité de la vie de l'individu cherchant à soulager sa souffrance sans mesurer le maillage complexe qu'il opère entre la réalité, ses songes et ses contes, son univers et son activité fantasmatique. Dans le domaine psychique, aucune histoire n'est réductible à une autre et seule l'écoute permet de le percevoir à condition de garder ses capacités d'intérêt et d'étonnement.

La gravité du métier de psychanalyste suppose, on l'a perçu, des exigences, des contraintes et des aléas. Le psychanalyste n'est pas un observateur passif ni un ethnologue qui s'imprégnerait du monde intérieur et totalement étranger du patient. Touché, ému, intéressé, irrité par lui (l'analysant), il est et se sait partie prenante de la cure. Il est partenaire dans un duo qui tourne parfois au duel même si la théorie ou son groupe de référence joue un rôle tiers. De quels sentiments est-il traversé ? À quel recours peut-il se fier ? Témoin, passeur, il n'entend ni rassurer, ni conseiller, mais permettre à l'analysant d'avoir accès, quels que soient les tours et les détours, à son être propre et à son désir singulier. On est loin ici de l'image du gourou, c'est-à-dire justement celui qui n'opère pas la séparation psychique mais aliène et asservit.

Peut-être à cause des angoisses suscitées par le métier, sûrement en raison des questions que ne cessent de poser des histoires toujours singulières, les psychanalystes éprouvent le besoin de poursuivre leur formation tout au long de leur vie professionnelle. En outre, ils ne peuvent rester sourds ni aux interrogations de notre société ni aux questions posées par des pathologies nouvelles qui exigent des recherches théoriques et cliniques : comment comprendre par exemple l'augmentation des troubles alimentaires (anorexie et boulimie) ? Comment répondre au désir d'enfant des couples homosexuels ? Y a-t-il nécessité pour l'enfant à connaître ses origines ? La différence des sexes, celle des générations sont-elles constitutives de la formation de la personnalité ?

Le propre de la psychanalyse est de considérer l'individu dans la totalité de son être, corps et esprit, et la totalité de son histoire, y compris celle de ses ancêtres. Son but, pour autant qu'elle y parvienne et quels que soient ses échecs, est de favoriser le développement de la vie psychique afin que l'individu puisse prendre ou reprendre sa place au sein de la collectivité humaine et développer ses capacités créatrices. Aucune autre forme de thérapie ne fait à ce point confiance à l'individu et à ses possibles ; le travail analytique est effectué par lui sur lui-même ; ainsi est-il appelé à devenir actif, à se prendre en compte dans son être entier et dans toutes ses dimensions.

Par le gré de l'autre, grâce à ses paroles et au fil du temps, j'ai visité tant de pays lointains, tant de villes et de villages où je n'irai jamais, de maisons inconnues où je ne serai jamais accueillie. Au-delà de la diversité des métiers, des origines sociales, des âges, des sexes, j'ai entendu tant de pleurs enfantins... Combien d'alcôves avec leurs secrets, combien de nuits, de petits matins, d'insomnies et de rêves ai-je partagés ? Combien de visages inconnus dessinés dans l'espace me sont-ils devenus familiers ? Combien de fantômes ont surgi ? Oui, immobile et le plus souvent silencieuse, j'ai beaucoup voyagé.

Table des matières

DANS LA MÊME COLLECTION

Miguel ABENSOUR, *La Démocratie contre l'État, Marx et le moment machiavélien*, 2004.

Alfred ADLER, *Roi sorcier, mère sorcière, Parenté, politique et sorcellerie en Afrique noire*, 2006.

Arnaud BALVAY, *La Révolte des Natchez*, 2008.

Gilles BATAILLON, *Enquête sur une guérilla. Nicaragua (1982-2007)*, 2009.

Victor BÉRARD, *La Politique du Sultan, les massacres des Arméniens : 1894-1896*, préface de Martin Melkonian, 2005.

Ernst BERTRAM, *Nietzsche, essai de mythologie*, préface de Pierre Hadot, 2007.

Isabelle BLONDIAUX, *Psychiatrie contre psychanalyse ? Débats et scandales autour de la psychothérapie*, 2009.

Allan BLOOM, *La Cité et son ombre. Essai sur la* République *de Platon*, traduction de Étienne Helmer, 2006.

COLETTE, *Billets de théâtre. Ballets russes, Guitry, Mistinguett...*, préface d'Alain Virmaux, postface d'Élisabeth Gilet, 2008.

Anne CREISSELS, *Prêter son corps au mythe. La féminité et l'art contemporain*, 2009.

Benedetto CROCE, *Bréviaire d'esthétique*, préface de Gilles A. Tiberghien, 2005.

Vincent DELECROIX, *Singulière philosophie. Essai sur Kierkegaard*, 2006.

Maria Pia DI BELLA, *Dire ou taire en Sicile*, 2008.

E. R. DODDS, *Les Grecs et leurs croyances*, traduction d'Étienne Helmer, 2009.

ÉLISABETH, Impératrice d'Autriche, *Le Journal poétique de Sissi*, préface de Catherine Clément, 2009.

Alain FILLION, *À la recherche de l'expédition Franklin, disparue dans l'archipel arctique*, 2007.

Manfred FLÜGGE, *Amer azur. Artistes et écrivains à Sanary*, 2007.

Stanislas FUMET, *Arthur Rimbaud, mystique contrarié*, préface de Pierre Brunel, 2005.

Édith GARNIER, *L'Âge d'or des Galères de France, Le champ de bataille méditerranéen à la Renaissance*, 2006.

Édith GARNIER, *L'Alliance impie. François Ier et Soliman le Magnifique contre Charles Quint*, 2008.

Alfredo GOMEZ-MULLER, *Sartre, de la nausée à l'engagement*, 2005.

Alfredo GOMEZ-MULLER et Gabriel ROCKHILL (sous la direction de), *Critique et subversion dans la pensée contemporaine américaine*, 2010.

Francis GUIBAL, *Le Courage de la raison. La philosophie pratique d'Éric Weil*, 2009.

Jean-Yves GUIOMAR, *L'Invention de la guerre totale, XVIIe-XXe siècle*, 2004.

Francis KAPLAN, *L'Embryon est-il un être vivant ?* 2008.

Søren KIERKEGAARD, *Exercice en christianisme*, traduction de Vincent Delecroix, 2006.

Anne KUPIEC, *Karl Mannheim. Idéologie, utopie et connaissance*, 2006.

Gilbert LASCAULT, *Écrits timides sur le visible*, 2008.

Gilbert LASCAULT, *Figurées, défigurées. Petit vocabulaire de la féminité représentée*, préface de Mikel Dufrenne, 2008.

Bertrand LEVERGEOIS, *Pasolini, l'alphabet du refus*, 2005.

François George MAUGARLONE, *Caverne Cosmos. Essai d'exploration*, 2006.

Marie-Christine NATTA, *Le Temps des mousquetaires*, 2005.

Silvano PETROSINO, *Babel. Architecture, philosophie et langage d'un délire*, préface et traduction de Francis Guibal, 2010.

Muriel PIC, *Le Désir monstre. Poétique de Pierre Jean Jouve*, préface de Jacques Le Brun, 2006.

Hélène PUISEUX, *Petits dérangements du monde. Le cinéma et l'insoluble*, 2007.

Philippe RIVIALE, *Le Principe de misère*, 2007.

Antoine ROQUETTE, *Le Concordat de 1817. Louis XVIII face à Pie VII*, 2010.

Christian RUBY, *Devenir contemporain ? La couleur du temps au prisme de l'art*, 2007.

Gilles A. TIBERGHIEN, *Courts-Circuits*, 2008.

Gilles A. TIBERGHIEN, *Notes sur la nature, la cabane et quelques autres choses*, 2005.

Yves TERNON, *7, rue de Chelles. Pour ce que nous avons tous été enfants…*, 2009.

Michel VERGÉ-FRANCESCHI, *Histoire de Corse. Le pays de la grandeur*, préface d'Emmanuel Le Roy Ladurie, 2010.

Jean-Louis VIEILLARD-BARON (sous la direction), *Bergson, la vie et l'action*, suivi de Louis Lavelle, *La Pensée religieuse d'Henri Bergson*, 2007.

Jean-Louis VIEILLARD-BARON, *Hegel, penseur du politique*, 2006.

Jonathan WEISS, *Irène Némirovsky*, biographie, 2005.

DANS LA COLLECTION LE FÉLIN POCHE

Isaiah Berlin, *En toutes libertés. Entretiens avec Ramin Jahanbegloo*, 2006.

Marie Agnès Combesque, *Martin Luther King Jr. Un homme et son rêve*, 2008.

Michel Crépu, *Charles Du Bos ou la tentation de l'irréprochable*, 2007.

Frédéric Dufourg, *La Marseillaise*, 2009.

Alfredo Gomez-Muller, *Chemins d'Aristote*, 2005.

Francis Kaplan, *Entre Dieu et Darwin. Le concept manquant.*

Claude Klein, *Deux fois vingt ans Israël*, 2008.

Paul-Louis Landsberg, *Pierres blanches. Problèmes du personnalisme*, préface d'Olivier Mongin, 2007.

Louis Lavelle, *Introduction à l'ontologie*, préface de Philippe Perrot, 2008.

Louis Lavelle, *La Parole et l'Écriture*, préface de Philippe Perrot, 2005.

Jean-Jacques Lubrina, *Vladimir Jankélévitch. Les dernières traces du maître*, préface de François George, 2009.

Jacques Lusseyran, *Et la lumière fut*, préface de Jacqueline Pardon, 2008.

Emilio Lussu, *La Marche sur Rome et autres lieux*, préface de Antonio Tabucchi, 2009.

Esther Meynell, *La Petite chronique d'Anna Magdalena Bach*, traduction de Bernard Hœpffner, 2009.

Hélène Monsacré, *Les Larmes d'Achille. Héros, femme et souffrance chez Homère*, préface de Pierre Vidal-Naquet, 2010.

Régine Pietra, *La Chine et le confucianisme aujourd'hui*, 2008.

André Postel-Vinay, *Un fou s'évade. Souvenirs de 1941-1942*, 2009.

Hélène Puiseux, *Des secrets mal gardés*, 2007.

Alfred Schütz, *Essais sur le monde ordinaire*, préface et traduction de Thierry Blin, 2007.

George Steiner, *Entretiens avec Ramin Jahanbegloo*, 2009.

Yves Ternon, *Éclats de voix*, préface de Meir Waintrater, 2006.

Yves Ternon, *Empire ottoman. Le déclin, la chute, l'effacement*, 2005.

Gilles A. Tiberghien, *Amitier*, 2008.

Jean-Marie Vincent, *Max Weber ou la démocratie inachevée*, préface de Catherine Colliot-Thélène, 2009.

Günther Weisenborn, *Une Allemagne contre Hitler*, préface de Alfred Grosser, 2007.

Jonathan Weiss, *Irène Némirovsky*, 2010.

Stéphane Zagdanski, *L'Impureté de Dieu. Souillures et scissions dans la pensée juive*, 2005.

Cet ouvrage a été imprimé par
l'imprimerie Dupli-Print à Domont (95)
pour le compte des Éditions du Félin
en avril 2010.

Imprimé en France
Dépôt légal :septembre 2010
N° d'impression : 157009